증권기사를 읽는데 용어를 모른다고

주린이들이 꼭 알아야 할 재테크용어 500

증권기사를 읽는데
용어를 모른다고

백광석 지음

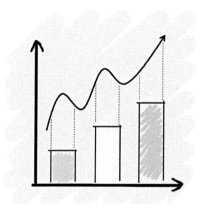

다온길

프롤로그

투자의 세계에서 첫걸음은 언제나 기본에서 시작됩니다. 이 책은 그 첫걸음을 돕기 위해 만들어졌습니다.

우리는 일상생활에서 수많은 경제적 결정을 내리게 됩니다. 어떤 핸드폰을 살 것인지부터 어떤 집에서 살 것인지, 어떤 자동차를 구매할 것인지, 어떤 보험에 가입할 것인지 등 매일매일 우리의 선택은 우리의 재무 상태에 영향을 미칩니다. 이렇게 일상생활에서의 작은 결정부터 시작해 대학생활, 직장생활, 그리고 은퇴 후의 생활에 이르기까지 재무적 결정은 우리 생활의 중요한 부분을 차지하게 됩니다.

재테크는 이러한 재무적 결정을 더욱 명확하고 효과적으로 내리기 위해 필요한 도구입니다. 특히 대학생부터 직장인, 그리고 주린이들에게 재테크는 더욱 중요합니다. 대학생들은 직장에 입사하고 처음으로 독립적인 재무적 결정을 내리게 되는 단계에서, 직장인들은 가족을 위해 더욱 안정적인 재무 상태를 만들어야 하는 단계에서, 그리고 주린이들은 투자를 통해 자신의 재산을 늘리려는 단계에서 재테크의 필요성을 느끼게 됩니다.

이 책은 재테크에 대한 기본적인 개념과 용어를 이해하는 것에서 시작해, 투자 전략을 세우고, 투자의 심리적 측면을 이해하는 것까지 재테크에 필요한 모든 것을 다룹니다. '가격제한폭'부터 'SPS'까지, 이 책을 통해 투자의 기본적인 개념과 용어를 이해하고, 이를 바탕으로 자신만의 투자 전략을 세울 수 있게 될 것입니다.

간단하게나마 전설적인 투자가들의 투자철학도 곁들여져 있습니다.

우리는 모두 재정적인 독립을 꿈꾸며 살아갑니다. 그리고 그 꿈은 단순히 많은 돈을 벌어 모으는 것이 아닙니다. 재정적인 독립은 우리 자신의 결정에 따라 삶을 설계하고, 그 설계에 따라 삶을 살아가는 것을 의미합니다. 이는 우리가 경제적인 제약에서 벗어나, 우리 자신의 삶을 통제하는 능력을 키우는 것을 의미하는 것입니다. 재테크는 이러한 재정적인 독립을 실현하는 데 있어 중요한 도구입니다.

대학생부터 직장인, 그리고 주린이들에게 이 책은 재테크의 세계를 이해하고, 그 안에서 스스로의 길을 찾아가는 데 있어 가장 신뢰할 수 있는 길잡이가 될 것입니다. 이 책이 당신의 재테크 여정에서 가장 신뢰할 수 있는 나침반이 되어, 당신의 재정적인 독립을 응원하며 돕기를 바랍니다.

백광석

2장 주린이들을 위한 재테크용어 ~

1 장

주린이를 위한 재테크용어 ㄱ ~ ㄹ

워런 버핏은 세계적으로 유명한 투자자로, 그의 투자 철학은 많은 사람들에게 영향을 미쳤습니다.

1. **가치 투자** : 주식을 사는 것은 기업을 사는 것과 같다는 믿음을 가지고 있습니다. 그는 주식의 가격보다 그 기업의 실제 가치에 더 집중하며, 이를 판단하기 위해 기업의 재무 제표를 꼼꼼히 분석합니다. 그는 장기적인 가치를 가진 기업에 투자하는 것을 선호합니다.
2. **장기 투자** : "내가 소유하려는 주식을 10년 동안 소유할 수 없다면, 10분 동안도 소유하려 하지 마라"라는 유명한 말을 남겼습니다. 그는 단기적인 시장 변동에 흔들리지 않고, 장기적인 시각에서 투자를 고려하는 것을 선호합니다.
3. **안전 마진** : 투자할 때 항상 안전 마진을 고려합니다. 즉, 그는 자신이 평가한 기업의 가치보다 낮은 가격에 주식을 구매하려고 노력합니다. 이는 투자 위험을 줄이는 데 도움이 됩니다.
4. **투자의 복잡성 회피** : 자신이 이해할 수 있는 비즈니스에만 투자한다는 원칙을 가지고 있습니다. 그는 복잡한 투자 기법이나 이해하기 어려운 비즈니스 모델을 회피하며, 대신 단순하고 이해하기 쉬운 비즈니스에 투자합니다.

이와 같은 원칙들은 버핏이 그의 투자 생활 동안 꾸준히 따르고 있는 가치 투자 철학의 핵심입니다.

☑ 가격제한폭

주식의 가격이 일정 수준 이상으로 상승하거나 하락하지 못하도록 하는 제한을 말합니다. 가격제한폭은 주식시장의 변동성을 줄이고, 투자자들의 손실을 방지하기 위해 도입되었습니다.

국내의 주식시장에서는 일간 가격제한폭이 30%로 설정되어 있습니다. 즉, 하루 동안 주식의 가격이 30% 이상 상승하거나 하락할 수 없습니다.

☑ 가장매매

실제로 매매할 의사가 없으면서도 다른 사람과 짜고 매매 의사가 있는 것으로 꾸며 행하는 매매입니다. 증시에서 자전거래의 일종으로 동일인이 동일종목의 매도와 매수 주문을 동시에 내는 것을 말합니다. 다른 사람들이 어떤 종목의 매매가 활발하다는 착각을 하게 만들어 시세 판단을 흐리게 하거나 자신의 의도대로 시세를 조종하기 위한 수법입니다.

☑ 가치투자

주식을 매수할 때 해당 기업의 내재 가치를 고려하는 투자 방법입니다. 가치투자자는 기업의 주가가 현재보다 더 높을 것으로 예상되는 기업에 투자합니다. 장기적으로 안정적인 수익을 추구하는 투자자들이 선호하는 투자 방법입니다. 가치투자의 핵심은 내재가치보다 낮은 가격에 거래되는 주식을 매수한다는 것입니다. 가치투자의 대표적인 투자자는 워렌 버핏입니다. 워렌 버핏은 가치투자의 원칙에 따라 투자를 해서 큰 성공을 거두었습니다.

📈 간사회사

기업체의 의뢰를 받고 주식이나 사채를 모집해 매출을 내려고 할 때 중심적인 역할을 하는 회사를 말합니다. 국내에서는 증권회사나 금융기관이 담당하고 있습니다.

📝 감사보고서

회계 감사인이 기업의 재무 상태와 재무 보고서의 정확성을 검토한 후 작성하는 보고서입니다. 이것은 주로 기업의 주주와 투자자들을 위한 중요한 문서로, 회계 감사인이 재무 정보가 신뢰할 수 있는지 확인하고 재무 보고서가 법률 및 규제에 준수하는지 확인하는 역할을 합니다.

📈 감자

회사가 갖고 있는 주식 금액이나 주식수의 감면 등을 통해 자본금을 줄이는 것을 말합니다. 일반적으로 자본금이 잠식되었을 경우 이 잠식분을 반영하기 위해 감자가 이뤄지며, 회사분할이나 합병, 신규 자금 유치 등을 위해서도 실시됩니다. 감자의 종류에는 유상감자와 무상감자가 있습니다.

유상감자는 기업이 감자를 할 때 주주들에게 보유한 주식 가액의 일부를 환급하는 방식으로 보상을 하는 것을 말합니다. 무상감자는 기업에서 감자를 할 때 주주들이 아무런 보상도 받지 못한 채 결정된 감자 비율만큼

주식수를 잃게 되는 것을 말합니다. 무상감자는 기업에서 감자를 할 때 주주들이 아무런 보상도 받지 못한 채 결정된 감자 비율만큼 주식수를 잃게 되는 것을 말합니다.

갑기금

국내에 소재하는 외국은행 국내지점이 외국본점으로부터 들여오는 영업 기금을 말합니다. 현재 지점별로 관리하며 지점별로 30억 원 이상이어야 합니다.

개미

개미는 주식시장에서 소액 투자자를 의미합니다. 이들은 주식을 구매하고 투자하는데 중요한 역할을 합니다. 개미는 주식시장에서 큰 영향력을 행사하지 못하지만, 개미 투자자들의 투자가 모여서 주식시장의 흐름을 바꿀 수도 있습니다.

개미무덤

주식시장에서 주가가 하락하는 것을 말합니다. 주가가 하락하는 이유가 다양하지만, 주로 기업의 실적이 부진하거나 경제 상황이 악화되었을 때 발생합니다. 개미무덤은 투자자에게 손실을 입힐 수 있기 때문에, 투자자들은 개미무덤이 발생할 수 있는 위험을 고려해야 합니다.

📈 개미의 종류

크게 두 가지로 나뉩니다. 하나는 주식시장에서 소액 투자자를 의미하는 개미입니다. 다른 하나는 주식시장에서 큰 영향력을 행사하는 대형 투자자를 의미하는 개미입니다. 요즘은 개미와 슈퍼개미(큰손)외에도 서학개미(해외 주식을 투자하는 개인투자자), 동학개미(동학농민운동을 빗대어 적극적인 투자로 지수 방어에 기여하는 개인투자자) 등 다양한 분류로 구분됩니다.

📈 개미털기

주식시장에서 대형 투자자가 소액 투자자들을 상대로 주식을 매도하는 것을 말합니다. '나무줄기에 매달린 개미들을 흔들어서 털어내는 것'에 빗댄 표현으로, 물량을 저가에 매집하기  위해 주가를 하락, 상승을 반복시켜 개인투자자들이 물량을 던지게 하는 것을 말합니다.

📈 개방형 수익증권

투자자가 언제든지 주식을 매도할 수 있는 수익증권을 말합니다. 이러한 상품은 펀드와 같이 투자자들이 자신의 투자목표와 위험 선호도에 맞게 선택할 수 있으며, 수익과 손실은 투자자의 결정에 따라 발생합니다. 개방형 수익증권은 다양한 자산 클래스에 투자하고 분산 투자를 할 수 있는 옵션을 제공합니다.

증권기사를 읽는데 용어를 모른다고

☑ 개별경쟁매매

주식시장에서 투자자가 직접 주식을 매수하거나 매도할 수 있는 거래 방식을 말합니다. 개별경쟁매매는 투자자가 원하는 가격에 주식을 매수하거나 매도할 수 있기 때문에, 투자자의 투자 성향에 따라 투자할 수 있습니다.

☑ 개별주식옵션

특정기업의 주식의 가격이 특정 기간 동안 특정 가격 이상으로 상승할 것인지, 특정 기간 동안 특정 가격 이하로 하락할 것인지에 대한 투자자의 예측을 반영한 파생상품입니다. 특정시기에 특정가격으로 주식을 사는 콜옵션과 파는 풋옵션으로 나뉩니다.

☑ 개인종합자산관리계좌

개인이 다양한 금융상품을 한 계좌에서 운용할 수 있는 만능통장으로 2016년에 도입되었으며 주식, 채권, 펀드 등 다양한 금융자산에 투자할 수 있으며, 투자 수익에 대한 세금을 면제받을 수 있습니다.

☑ 개인형 퇴직연금

개인이 퇴직으로 수령한 퇴직금을 바로 사용하지 않고 보관/운용할 수 있는 계좌입니다. 개인이 퇴직금을 적립하고, 퇴직금을 투자하여 수익을 얻을 수 있습니다. 퇴직금을 연금으로 수령할 수도 있고, 퇴직금을 일시금으로 수령할 수도 있습니다.

📈 갭

주가가 전일 종가보다 높은 가격으로 개장하는 것을 말합니다. 갭은 주가가 상승하는 이유가 다양하지만, 주로 기업의 실적이 개선되거나 경제 상황이 호전되었을 때 발생합니다.

📈 갭상승

주식시장에서 주가가 전일 종가보다 높은 가격으로 장을 시작하여, 상승세를 이어가는 것을 말합니다. 갭상승은 주가가 상승하는 이유가 다양하지만, 주로 기업의 실적이 개선되거나 경제 상황이 호전되었을 때 발생합니다. 갭상승은 투자자에게 큰 수익을 가져다줄 수 있지만, 투자자들은 갭상승이 언제 끝날지 예측하기 어렵기 때문에 주의해야 합니다.

갭상승종목

갭상승 종목중에서 전일 고가보다 당일 저가가 높은 종목**입니다.**

N	종목명	현재가	전일비	등락률	거래량	시가	고가	저가	PER	ROE
1	경농	12,500	↑2,880	+29.94%	5,482,143	9,900	12,500	9,760	8.67	12.08
2	국제약품	5,740	▲1,030	+21.87%	17,204,538	4,910	5,780	4,880	-23.33	4.99
3	라이트론	3,690	▲570	+18.27%	9,707,682	3,400	3,830	3,350	-15.38	-1.32
4	신한 코스닥 150 ETN	9,385	▲800	+9.32%	2	9,440	9,440	9,385	N/A	N/A
5	코스메카코리아	35,850	▲2,650	+7.98%	490,605	35,300	37,850	34,600	33.76	1.84

<출처 : 네이버페이 증권>

증권기사를 읽는데 용어를 모른다고

☑ 갭하락

주식시장에서 주가가 전일 종가보다 낮은 가격으로 장을 시작하여, 지속적으로 하락하는 현상을 뜻합니다. 투자자들의 매도 의지가 강하다는 뜻이기도 합니다. 이런 경우에는 공시나 부정적인 뉴스와 관련되어 있을 수도 있습니다.

☑ 갱생주가

모든 악재가 없어지면서 바닥권이었던 주가가 다시 상승세로 반전되는 주가를 말합니다. 다른 말로 소생주가라고도 합니다.

☑ 거래대금

주식시장에서 주식이 거래된 금액을 말합니다. 거래대금은 주식시장의 규모를 나타내는 지표로 사용될 수 있습니다. 예를 들어, 특정 주식이 하루 동안 1,000주가 거래되고, 각 주가 10,000원이라면, 그 주식의 거래대금은 10,000,000원이 됩니다.

☑ 거래소

주식, 채권, 선물, 옵션 등 다양한 금융자산을 거래할 수 있는 장소입니다. 거래소는 주식시장, 채권시장, 선물시장, 옵션시장 등을 운영하고 있습니다. 한국거래소는 2015년 1월 27일 기존의 한국증권거래소, 한국선물거래소, 코스닥증권시장, 코스닥위원회 등 4개 기관이 통합되어 설립된 주식회사입니다.

📈 거래량

주식 시장에서 특정 주식이나 자산이 특정 기간 동안 거래된 양을 말합니다. 주가지수와 함께 주식시장의 장세를 판단하는 중요한 지표로, 주가의 변동을 일으키는 신호로 받아들여집니다.

거래상위 종목						
코스피						
N 종목명	현재가	전일비	등락률	거래량	거래대금	시가총액
1 KODEX 200선물인버스2X	2,580	▼ 115	-4.27%	153,256,380	397,059	13,589
2 KODEX 코스닥150선물인버스	3,885	▼ 70	-1.77%	58,814,649	227,200	3,998
3 KODEX 코스닥150레버리지	9,775	▲ 320	+3.38%	45,895,568	453,918	11,300
4 KODEX 레버리지	16,120	▲ 630	+4.07%	24,527,827	393,826	24,639
5 체시스	2,400	▲ 491	+25.72%	20,567,781	45,672	768

<출처 : 네이버페이 증권>

📈 거래정지

특정 주식이나 자산의 거래가 일시적으로 중단되는 상태를 나타냅니다. 이는 보통 주식 시장에서 급격한 가격 변동이나 정보 공개와 관련된 이슈로 인해 발생합니다. 거래정지 기간 동안에는 해당 자산의 거래가 중지되며, 투자자들은 해당 자산에 대한 주문을 실행할 수 없습니다. 예를 들어, 특정 기업의 주식이 부정적인 뉴스로 인해 거래정지 상태에 들어갈 수 있습니다.

증권기사를 읽는데 용어를 모른다고

거래정지종목

거래정지종목 (코스피)		2023.11.15 기준(장마감)	
종목명	정지일	지정사유	
1 바다로19호	2023.10.31	주식병합 분할등 주권제출요구	
2 만호제강	2023.09.26	감사의견거절(발행 ELW 포함)	
3 백광산업	2023.08.14	기타공익과투자자보호및시장관리상	
4 쌍방울	2023.07.10	기타공익과투자자보호및시장관리상	
5 이아이디	2023.06.01	기타공익과투자자보호및시장관리상	

<출처 : 네이버페이 증권>

거액

주식 시장에서 대규모의 금액을 의미합니다. 이 용어는 주식 시장에서 특정 거래나 투자가 큰 규모를 갖을 때 사용됩니다. 예를 들어, 특정 투자자가 주식 시장에서 수백만 달러 또는 수억 원과 같이 상당한 금액을 거래하면 그 거래를 "거액 거래"라고 부릅니다.

검은머리 외국인

외국의 국적이나 영주권 등을 대한민국 내에서 편법·탈법적으로 악용하여 이득을 누리고 의무를 회피하는 사람을 말합니다.

게걸음

주식시장에서 주식 가격이 아주 조금씩 오르거나 내리는 현상을 의미합니다. 이 용어는 주식 가격의 움직임이 미미하고 더뎌 진전하지 않을 때 사용됩니다. 예를 들어, 주식 가격이 몇 일 동안 거의 변화가 없고 오르거나 내릴 때 "게걸음" 현상이 나타난다고 말할 수 있습니다.

⬚ 결제

주식 거래에서 주식을 매수한 후 지불하는 것을 말합니다. 주식 거래는 매도자와 매수자가 주식 가격과 거래량에 합의한 후, 매도자가 주식을 매수자에게 인도하고 매수자가 매도자에게 돈을 지불하는 방식으로 이루어집니다. 결제는 주식 거래의 마지막 단계로, 매수자가 매도자에게 돈을 지불하는 것을 말합니다.

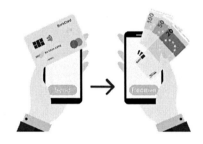

⬚ 경쟁매매

주식 시장에서 다수의 매수자와 매도자가 존재하여 주식 가격이 공개된 시장에서 형성되는 거래 방식을 나타냅니다. 이는 주식의 가격이 공급과 수요에 따라 결정되며, 시장 참여자들 간의 경쟁이 가격을 형성하는 주요 요인입니다. 주로 증권거래소가 개설하는 유가증권시장에서 체결되는 거래방법으로 쓰입니다.

⬚ 계절주

특정 시기 또는 계절에 관련된 경제 활동과 관련된 주식을 가리킵니다. 이러한 주식은 특정 시기에 더 높은 수요를 받거나 효과를 볼 수 있으며, 주

증권기사를 읽는데 용어를 모른다고

식 시장에서 계절적 변동성을 경험할 수 있습니다.

예를 들어, 겨울 시즌에는 난방기 및 따뜻한 의류 회사의 주식이 수요가 늘어나며 가치가 상승할 수 있습니다. 이와 같이 계절주는 특정 계절 또는 이벤트와 관련된 주식을 가리킵니다.

📈 고가

주식의 고가는 말 그대로 장 중 가장 높았던 가격을 말합니다. 만약 상한 가를 치고 빠졌다면 상한가 가격이 그 날의 고가인 겁니다.

📈 고객예탁금

주식 거래를 위해 투자자가 거래 계좌에 예치한 자금을 의미합니다. 이 금액은 주식 거래 시 사용되며, 거래의 안정성과 신뢰성을 보증하기 위해 필요한 금액입니다. 고객예탁금은 주가등락의 지표로 이용되기도 합니다. 예탁금이 늘면 흔히 주가가 올라갈 것으로 예측합니다.

📈 고점

특정 주식 또는 자산의 가격이 특정 기간 동안 최고치에 도달한 지점을 가리킵니다. 이것은 주식 또는 자산의 최고가를 나타냅니다.

주식 A의 가격이 최근 6개월 동안 150,000원까지 상승하고 다시 하락했다면, 150,000원은 주식 A의 고점입니다.

📈 고정자산

기업이나 조직이 장기적으로 보유하고 운용하는 유형의 자산(1년 이상)을 말합니다. 이러한 자산은 일반적으로 고정된 가치를 가지며, 예를 들어 건물, 기계, 토지, 차량 등이 포함됩니다. 투자자산, 유형자산, 무형자산, 이연자산 등으로 나눕니다.

1. 투자자산

주로 금융 투자를 통해 생성되거나 보유되는 자산을 말합니다. 예를 들어, 기업이 주식, 채권, 현금 등을 투자하면 이러한 자산은 투자자산으로 분류됩니다.

2. 유형자산

유형자산은 실체적이고 실물적인 형태를 가진 자산을 말합니다. 이러한 자산은 건물, 기계, 장비, 차량, 토지 등과 같은 물리적인 자산을 포함합니다. 유형자산은 기업의 생산 또는 운영에 사용되며 일반적으로 가치가 고정된 자산입니다.

3. 무형자산

실체적인 형태가 없는 자산으로, 기업의 브랜드, 특허, 저작권, 소프트웨어, 고객 명부 및 기타 무형적인 자산을 포함합니다. 이러한 자산은 기업의 가치를 높이고 경쟁 우위를 유지하는 데 기여합니다.

4. 이연자산

현재 시기에 지출이 발생하지만 이익이 미래에 발생하는 경우에 발생하는 자산을 말합니다. 이러한 자산은 예를 들어 선급비용이나 이익을 미래에 인식해야 하는 경우에 나타납니다.

증권기사를 읽는데 용어를 모른다고

✓ 고정주

회사의 대주주주나 과점주주들이 경영권 확보를 위하여 보유하고 있는 주식으로 주주가 바뀌지 아니하고 고정되어 있는 주식을 말합니다.

✓ 골든크로스

주식 차트 분석에서 사용되는 용어로, 주식 가격의 단기 이동평균선이 장기 이동평균선을 상향 돌파하는 시점을 가리킵니다. 이는 주식시장의 상승세가 시작될 것이라는 신호로 해석됩니다.

골든크로스 종목

단기(20일) 이동평균선이 장기(60일) **이동평균선을 돌파하는 경우의 종목입니다.**

N	종목명	현재가	전일비	등락률	거래량	시가	고가	저가	PER	ROE
1	디엔씨미디어	23,600	▲3,000	+14.56%	691,600	20,500	24,350	20,500	61.46	8.65
2	케이피엠테크	430	▲ 25	+6.17%	6.251.666	405	459	403	21.50	-11.90
3	롯데하이마트	10,140	▲ 420	+4.32%	53,402	9,710	10,250	9,710	-0.45	-33,81
4	사조대림	28,950	▲ 750	+2.66%	23,759	28,300	29,500	28,300	3.20	15.48
5	한국파마	19,020	▲ 310	+1.66%	165,546	18,710	19,490	18,560	-68,42	-1,91

<출처 : 네이버페이 증권>

✓ 공개매수

기업의 지배권을 취득하거나 또는 강화할 목적으로 미리 매수기간, 매수가격 등 매수조건을 공시하여 유가증권시장 외에서 불특정다수인으로부터 주식 등을 매수하는 제도입니다. 보통 인수자가 대상 회사의 지배권을 획득하거나 기업을 통합하려는 목적으로 이루어집니다.

📈 공개법인

주식을 증권시장에 상장하고 있거나 모집 설립 또는 공모 증자한 내국법인을 말한다. 공개법인은 주식시장에서 자신의 주식을 사고 팔 수 있는 것은 물론, 투자자와의 거래를 통해 자금을 조달할 수 있습니다. 1972년에 제정된 '기업공개촉진법'은 1987년 '자본시장육성에 관한 법'으로 대체되었습니다.

📈 공개시장조작

중앙은행이 통화정책을 집행하기 위해 공개시장에서 채권을 매매하는 것을 말합니다. 공개시장조작은 통화량을 조절하여 물가안정과 경제성장을 도모하는 목적으로 사용됩니다. 중앙은행이 채권을 매입하면 통화량이 증가하고, 채권을 매도하면 통화량이 감소합니다. 우리나라의 중앙은행인 한국은행은 공개시장조작을 통해 통화량을 조절하여 물가안정과 경제성장을 도모하고 있습니다. 예를 들어, 한국은행이 경기가 침체될 것으로 판단하면 채권을 매입하여 통화량을 증가시켜 경기를 부양합니다. 반대로, 한국은행이 경기가 과열될 것으로 판단하면 채권을 매도하여 통화량을 감소시켜 경기를 안정시킵니다. 2016년 1월 '공개시장조작'에서 '공개시장운영'으로 명칭을 변경하였습니다.

📈 공매도

없는 것을 판다는 의미로 주식이나 채권을 가지고 있지 않은 상태에서 행사하는 매도주문을 내는 것을 말합니다. 판매한 주식을 나중에 다시 사서 빌렸던 주식을 돌려주는 방식으로 이루어집니다. 이것은 주식의 가격이

증권기사를 읽는데 용어를 모른다고

하락할 때 수익을 얻을 수 있는 전략입니다.

예를 들어, A종목을 갖고 있지 않은 투자자가 이 종목의 주가하락을 예상하고 매도주문을 냈을 경우, A종목의 주가가 현재 1만 원이라면 일단 1만 원에 매도합니다. 3일 후 결제일 주가가 7,000원으로 떨어졌다면 투자자는 7,000원에 주식을 사서 결제해 주고 주당 3,000원의 시세차익을 얻게 됩니다.

공매도는 주식시장에서 가격이 하락할 것으로 예상하는 투자자들에게 유용한 전략일 수 있으나, 동시에 높은 위험도를 가지고 있습니다. 왜냐하면 주식 가격이 상승할 경우, 손실이 커질 수 있기 때문입니다.

개별종목 공매도 거래

2023.11.01 (주, 원)

종목 코드	종목명	증권 구분	수량				금액
			공매도거래량		거래량	비중	거래대금
			전체	업틱룰예외			
005930	삼성전자	주권	76,677	76,677	17,228,731	0.45	1,213,169,122,997
000660	SK하이닉스	주권	44,918	44,918	4,940,510	0.91	647,966,157,110
042700	한미반도체	주권	37,416	37,416	6,462,160	0.58	404,785,103,300
000990	DB하이텍	주권	27,355	27,355	360,386	7.59	19,626,591,100
091810	티웨이항공	주권	23,528	23,528	365,144	6.44	816,094,565

<출처 : KRX>

📈 공모가

기업이 주식을 처음으로 발행할 때 일반 투자자들에게 주식을 판매하는 가격을 말합니다. 공모가는 기업의 가치를 평가하여 결정되며, 주로 기업의 재무제표와 전망 등을 고려하여 산정됩니다. 공모가의 결정은 기업의 성공 여부에 큰 영향을 미칩니다. 공모가가 너무 높으면 투자자들이 주식을 매수하지 않을 수 있고, 공모가가 너무 낮으면 기업이 적자를 볼 수 있습니다. 따라서 기업은 공모가를 신중하게 결정해야 합니다. 우리나라에서는 금융위원회가 공모가를 결정하는 데 중요한 역할을 합니다.

📈 공모주

기업이 처음으로 주식시장에 상장하여 일반 투자자들에게 주식을 판매하는 과정을 통해 발행한 주식을 의미합니다. 예를 들어, A회사가 주식시장에 처음으로 상장하기로 결정하면, 그들은 일반 투자자들에게 주식을 판매하기 위해 일정량의 주식을 공모합니다. 이러한 주식을 공모주라고 합니다. 공모주는 처음에는 일반 투자자들에게 구매를 허용하기 위한 제한된 수량과 가격으로 공개됩니다.

📈 공모주펀드

주식시장에서 새로 상장되는 기업의 주식을 포함하는 투자 기금을 말합니다. 공모주를 직접 매수하는 것보다 편리하고, 공모주를 매수할 때 발생하는 수수료를 줄일 수 있습니다. 또한, 전문가들이 공모주를 선별하고 관리하기 때문에 투자 위험을 줄일 수 있습니다. 그러나 공모주를 매수할 때 발생하는 수수료와 관리비가 발생한다는 단점이 있습니다. 투자 수익률

증권기사를 읽는데 용어를 모른다고

은 공모주 가격의 변동에 따라 달라지기 때문에 투자 위험이 있습니다.

📈 공모증자

이미 상장된 기업이 추가 주식을 발행하고 일반 투자자들에게 판매하는 과정을 말합니다. 이것은 기업이 자금을 조달하고 사업을 확장 또는 개선하기 위해 주식시장에서 추가 주식을 발행하는 방법 중 하나입니다.

예를 들어, A회사는 이미 주식시장에 상장되어 있고, 성공적인 사업을 운영하고 있습니다. 그런데 그들은 새로운 사업을 확장하거나 미래의 성장을 지원하기 위해 자금이 필요합니다. 그래서 A회사는 공모증자를 통해 추가 주식을 발행하고, 이를 일반 투자자들에게 판매합니다. 이렇게 판매된 주식은 이미 상장된 기존 주식과 동일한 권리를 가지며, 더 많은 투자자들이 그 기업의 주주가 될 수 있게 됩니다.

📈 공시

기업이 중요한 정보나 사건을 주식시장 및 투자자에게 공개하는 과정을 말합니다. 이것은 투자자들이 기업의 활동 및 경영상황을 이해하고, 투자결정을 내리는 데 필요한 정보를 얻을 수 있도록 합니다.

예를 들어, A회사는 최근에 중요한 결정을 내렸습니다. 그들은 새로운 CEO를 고용하거나 수익성을 높이기 위한 계획을 세웠습니다. 이러한 결정은 기업의 미래에 영향을 미칠 수 있으므로, A회사는 이러한 사건을 공시해야 합니다.

공시는 일반적으로 특정 기간 동안 주식시장에 정보를 제공하는 것을 의미하며, 이 정보는 기업의 재무 상태, 경영 팀의 변경, 중요한 계약, 사업 전략, 미래의 계획 등을 포함할 수 있습니다. 이러한 정보는 모든 투자자에게 동등하게 공개되므로, 공평하고 투명한 주식시장 운영을 지원하며, 투자자들이 근거를 가지고 투자 결정을 내릴 수 있도록 합니다.

최근공시(전체)

전체 160건 (2023년 11월 08일)

시간	공시대상회사	보고서명	제출인	접수일자	비고
14:38	(기) 나래에너지서비스	타법인주식및출자증권취득결정	나래에너지서비스	2023.11.08	(공)
14:35	(코) 동운아나텍	의결권대리행사권유참고서류	동운아나텍	2023.11.08	
14:32	(기) 유더블유제십일차유도화전...	자산유동화관련중요사항발생등신고서(해산)	유더블유...	2023.11.08	
14:30	(코) 태광	연결재무제표기준영업(잠정)실적(공정공시)	태광	2023.11.08	(코)
14:28	(유) JW중외제약	영업(잠정)실적(공정공시)	JW중외제약	2023.11.08	(유)

<출처 : DART>

📈 공포지수

주식시장에서 투자자들의 불안정성이나 불안정한 심리를 나타내는 지표입니다. 이것은 특히 주식시장에서의 변동성이 크거나 불확실성이 높을 때 높아지는 경향이 있습니다. 공포지수가 높을수록 투자자들이 더 두려워하고 있다는 것을 의미합니다. 공포지수가 낮을수록 투자자들이 더 낙관적이라는 것을 의미합니다. 공포지수는 여러 가지 방법으로 계산할 수 있습니다. 대표적인 방법으로는 VIX$^{\text{Volatility Index}}$ 지수가 있습니다. VIX 지수는 S&P 500 지수의 변동성과 연관된 지수입니다. VIX 지수가 높을수록 S&P 500 지수의 변동성이 높아지고, 투자자들이 더 두려워한다는 것을 의미합니다. VIX 지수가 낮을수록 S&P 500 지수의 변동성이 낮아지고, 투자자들이 더 낙관적이라는 것을 의미합니다.

공포지수는 주식시장에서의 리스크 수준을 측정하는데 사용되며, 투자자들이 현재의 시장 심리를 파악하여 투자 전략을 조정하는 데 도움을 줍니다.

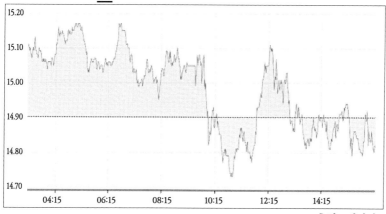

VIX

14.81 ▼ 0.08 (-0.54%)

일봉 주봉 월봉 **1일** 3개월 1년 3년 10년

<출처 : 네이버>

📈 과매수

주가가 폭등하여 투자자들이 주식을 적정 수준 이상으로 매수하는 현상을 말합니다. 이는 주식 시장에서 해당 자산의 가격이 현재의 기초적인 경제 지표나 실적에 비해 높게 평가되어 있다는 의미로 해석될 수 있습니다. 기존 세력과 새로운 매도세력이 합세하여 시세는 약세로 전환될 수 있습니다.

📈 과매도

주가가 폭락하여 투자자들이 보유주식을 적정 수준 이상으로 팔아버리는 현상을 말합니다. 이는 주식 시장에서 해당 자산의 가격이 현재의 기초적인 경제 지표나 실적에 비해 낮게 평가되어 있다는 의미로 해석될 수 있습니다. 기존 세력과 새로운 매입세력이 합세하여 시세는 강세로 전환될 수 있습니다.

☑ 관리대상종목

상장회사의 영업정지 또는 부도발생 등의 사유로 증권거래에서 상장폐지 사유에 해당하는 종목을 말합니다. 일반투자자의 주의를 환기시키고 투자에 참고하도록 하기 위해 증권거래소가 지정합니다.

📈 관리변동환율제

국가가 자국 통화의 환율을 일정 수준에서 관리하는 정책을 의미합니다. 이는 일반적으로 정부나 중앙은행이 특정한 수준의 환율을 유지하기 위해 활동하거나, 필요에 따라 통화의 가치를 일정 범위 내에서 조절하는 것을 말합니다.

정부가 환율을 직접 통제하는 고정환율제와 환율을 시장에서 자유롭게 결정하도록 하는 변동환율제의 중간 형태에 해당합니다. 관리변동환율제는 고정환율제와 변동환율제의 장점을 모두 갖추고 있으면서 단점을 최소화할 수 있다는 장점이 있습니다.

관리변동환율제는 정부가 환율을 일정 범위 내에서 관리하기 때문에 환율이 급격하게 변동하는 것을 막을 수 있습니다. 또한, 정부가 환율을 조

증권기사를 읽는데 용어를 모른다고

절할 수 있기 때문에 환율 변동에 따른 경제적 피해를 최소화할 수 있습니다.

1998년 12월 IMF 구제금융 이후 하루 변동폭을 철폐, 매매기준율을 정하고 거래가 시작된다는 점에서 자유변동환율제에 가까운 제도를 운영하고 있습니다.

📈 관리종목

상장폐지 기준에 해당될 우려가 있음을 예고하여, 투자자에게는 투자에 유의도록 주의를 환기하고, 기업에는 정상화를 도모할 수 있도록 하기 위해 지정됩니다. 관리종목으로 지정되면 투자자들의 매매가 제한되고, 거래량이 급감하는 등 시장에서 외면받게 됩니다. 관리종목에 등재된 기업들은 일정 기간 동안 특별한 요건을 충족시켜야 하며, 그렇지 않으면 상장폐지 등의 조치가 이뤄질 수 있습니다

관리종목

관리종목 (코스피)					2023.11.16 기준(장중)	
종목명	현재가	전일대비	등락률	거래량	지정일	지정사유
1 엔에이치스팩19호	10,180	▼ 10	-0.10%	8,013	2023.11.14	
2 만호제강	47,150	0	0.00%	0	2023.09.26	감사의견 의견거절
3 대유플러스	386	▼ 6	-1.53%	218,238	2023.09.26	회생절차개시신청
4 비케이탑스	904	0	0.00%	0	2023.08.16	보고서 미제출(반기보고서)
5 IHQ	3,585	0	0.00%	0	2023.08.16	반기검토의견 의견거절

<출처 : 네이버페이 증권>

📈 관망충

주식시장에서 주가가 상승하거나 하락할 때, 그
흐름을 따라 움직이지 않고 관망만 하는 사람을
뜻합니다. 관망충은 주식시장에서 흔히 볼 수 있
는 유형의 투자자입니다. 이들은 주식시장을 처
음 접하거나 주식에 대한 지식이 부족한 경우가

많습니다. 또한, 주식시장의 변동성에 대한 두려움 때문에 투자에 나서지
못하는 경우가 많습니다. 관망충은 주식시장에서 주가가 상승하거나 하
락할 때, 그 흐름을 따라 움직이지 않고 관망만 하기 때문에 수익을 내기
가 어렵습니다. 이들은 주식시장의 변동성에 대한 두려움 때문에 투자에
나서지 못하기 때문에, 주식시장에서 수익을 내는 기회를 놓치게 됩니다.

📈 관심주

저가권에 오래 머물면서 거래량도
미미하여 투자자들의 관심 밖에 있
던 주식이 상승세를 유지하면서 거
래량이 크게 늘어나 투자자들의 특
별한 주목을 받는 종목을 말합니다.

A기업이 새로운 혁신적인 기술을 도입하여 최근에 주가가 상승하고 있다
고 가정해봅시다. 이런 경우에 A기업은 투자자들의 특별한 주목을 받는
'관심주'로 간주될 수 있습니다.

증권기사를 읽는데 용어를 모른다고

☑ 관종

관심종목의 줄임말로, 투자자가 관심을 갖고 있는 종목을 말합니다. 관종은 주가가 상승하거나 하락할 때 투자자가 관심을 갖고 주가를 살피는 종목을 의미합니다. 보통 관심종목을 보는 기준은 세력이 들어온 종목인지(거래량 확인), 실적은 우상향이어야 하며, 외국인 또는 기관투자자들이 꾸준히 매수하는 종목이 좋습니다. 테마주는 피하는 게 좋습니다.

☑ 교환사채

채권의 만기 시점에 채권을 발행한 회사의 주식으로 교환할 수 있는 권리가 있는 채권입니다. 채권의 만기 시점에 채권을 발행한 회사의 주식으로 교환할 수 있는 권리가 있습니다. 이 권리는 교환청구권이라고 합니다. 교환청구권은 교환사채를 발행한 회사의 주식 가격이 교환사채의 발행가액보다 높을 때 행사할 수 있습니다. 교환청구권을 행사하면 채권을 주식으로 교환할 수 있습니다. 채권과 주식의 장점을 모두 누릴 수 있습니다. 채권의 장점은 이자가 보장된다는 것입니다. 주식의 장점은 주가가 상승할 경우 수익을 얻을 수 있다는 것입니다. 교환사채는 채권의 장점을 가지고 있으면서도, 주가가 상승할 경우 주식으로 교환할 수 있기 때문에 주식의 장점도 누릴 수 있습니다.

☑ 구제금융

기업이나 금융기관 등이 어려운 경제적 상황에 처한 경우에 정부나 기타 금융 기관에서 제공하는 금융 지원 제도를 가리킵니다. 이는 금융 거래의 부실이나 파산 위기에 직면한 기업들에게 일시적인 경제적 지원을 제공하여 회복을 돕는 목적을 가지고 있습니다. 우리나라는 IMF 구제금융을 받은 경험이 있습니다. 1997년 우리나라는 외환위기로 인해 국가의 재정난이 심각해졌습니다. 이에 국제통화기금^{IMF}이 우리나라에 구제금융을 제공했습니다. IMF 구제금융을 통해 우리나라는 국가의 재정난을 해결하고 경제 위기를 극복할 수 있었습니다.

☑ 구조대

높은 가격에 주식을 매입 후, 주가가 급락하여 자신이 산 금액대에서 주가가 올라오길 기다리는 상황을 말합니다. 90층에 구조대 기다려요 또는 90층에 사람 있어요. (90,000원에 주식을 매수했다는 말입니다.)

☑ 구주

회사의 주주가 보유하고 있는 주식 중에서 회사의 신주발행에 참여하지 않고 보유하고 있는 주식을 말합니다. 구주는 회사의 신주발행에 참여하

증권기사를 읽는데 용어를 모른다고

지 않고 보유하고 있기 때문에, 회사의 신주발행에 따라 주식의 비율이 줄어들지 않습니다. 일반적으로 구주는 영업연도 초일이 배당기산일이 되며 신주는 그 발행일이 배당기산일이 됩니다.

📈 구형우선주

상법개정전인 1996년 이전에 발행된 우선주. 보통 종목명뒤에 '우'가 붙어 있습니다. (예 : 삼성전자우) 보통주보다 높은 배당을 보장합니다. 구형우선주는 기업이 자금을 조달하거나 투자자에게 특별한 혜택을 부여하기 위해 활용되는데, 이는 기업의 자금 조달 및 투자자 유치에 도움을 주는 중요한 재무 전략 중 하나입니다.

📈 국민주

국민경제의 발전과 국민의 주주 참여를 도모하기 위해 정부가 국민에게 주식을 매각하는 것을 말합니다. 국민주는 국민들이 주식시장에 참여할 수 있는 기회를 제공하고, 기업의 자금 조달을 돕는 역할을 합니다. 국민주는 국민들에게 주식시장에 참여할 수 있는 기회를 제공합니다. 국민들은 국민주를 매입함으로써 주식시장의 주주가 될 수 있고, 기업의 경영에 참여할 수 있습니다. 또한, 국민주를 매입함으로써 기업의 자금 조달을 돕고, 기업의 성장을 지원할 수 있습니다.

📈 국부펀드

국가가 자국의 경제 발전을 위해 조성한 투자 펀드입니다. 국가의 자금을 활용하여 해외의 주식, 채권, 부동산 등에 투자합니다. 국가의 경제적 이익을 극대화하고, 국가의 경제적 위상을 높이는 역할을 합니다. 우리나라에서는 국부펀드가 한국투자공사(한국투자공사 국부펀드), 한국수자원공사(한국수자원공사 국부펀드) 등 여러 공공기관에서 구성되어 운용되고 있습니다. 이러한 국부펀드는 주로 국가의 외환 보유액, 국내 자원 등을 기반으로 하여 국가 경제의 안정성을 강화하고 향후 발전을 위한 투자 등을 수행합니다.

☑ 국장과 미장

국장은 국내 주식시장을 말하고, 미장은 미국 주식시장을 의미합니다. 국장 정규시간은 오전 9시부터 오후 3시 30분까지입니다. 미장 정규시간은 오전 9시 30분부터 오후 4시까지입니다.

☑ 국제금융공사

세계은행 산하의 국제기구로, 개발도상국의 경제 발전을 돕기 위해 설립되었습니다. 국제금융공사는 개발도상국의 금융기관에 자금을 지원하고, 개발도상국의 기업에 투자하여 개발도상국의 경제 발전을 돕고 있습니다. 민간 섹터 투자와 개발 프로젝트에 금융 지원을 제공합니다. 이는 주로 기업, 금융 기관, 인프라 프로젝트 등에 대한 투자를 통해 경제적인 성장과 개발을 촉진하려는 목적을 가지고 있습니다.

☑ 권리락

회사가 신주를 발행하게 되었을 때, 신주를 받을 수 있는 권한이 사라지는 것을 의미합니다. 공시에서 확인할 수 있는 권리락 발생일을 기준으로

증권기사를 읽는데 용어를 모른다고

그 권리가 사라지게 됩니다. 주식시장에서는 주식을 보유한 투자자에게 주주총회 참여, 배당금 수령, 우선 주식 행사 등의 권리가 있습니다. 이러한 권리에는 유효기간이 있어서 특정 일자 이후에는 이 권리가 소멸될 수 있습니다.

☑ 그레이트 로테이션

2012년 메릴린치 자산보고서에서 처음 사용된 용어입니다. 글로벌 투자 자금이 채권시장에서 빠져나와 기대수익이 높은 주식시장으로 이동하는 현상을 의미합니다.

☑ 그린 메일

특정 기업의 주식을 대량으로 사들인 후 적대적인 인수나 합병을 포기하는 대가로 자신들이 확보한 주식을 시가보다 훨씬 높은 값에 되사도록 경영진을 위협하는 행위를 의미합니다.

☑ 근월물과 원월물

근월물은 현재 날짜에서 가장 가까운 만기일을 가진 선물 계약을 나타냅니다. 즉, 현재 월 또는 가장 가까운 월에 만기하는 선물 계약을 말합니다. 원월물은 현재 날짜에서 상대적으로 먼 미래에 만기하는 선물 계약을 나타냅니다. 주로 현재 월보다 뒤에 있는 월에 만기하는 선물 계약을 의미합니다.

📈 글래머 주식

미국 증권계의 용어로 지극히 매력적인 주식이라는 의미로서 대단히 성장성이 높은 우량주를 말합니다. 자본금의 규모가 작고 성장성이 좋아서 수익률이 높은 주식을 뜻한다. 투자 성공시 엄청난 수익률을 가져다 주기도 하지만 리스크가 높아 개인투자자들은 신중한 투자를 하여야 합니다.

📈 글로벌 펀드

세계 각국의 다양한 금융 시장에 걸쳐 투자를 하는 펀드를 의미합니다. 이 펀드는 국제적으로 다양한 자산 클래스에 투자하여 투자자들에게 글로벌 시장에서의 다양한 기회를 제공합니다. 전 세계의 주식, 채권, 부동산 등에 투자하기 때문에, 투자자가 전 세계의 경제 상황에 따라 투자 수익을 얻을 수 있습니다. 예를 들어, A투자사가 운용하는 글로벌 주식 펀드는 미국, 일본, 유럽, 중국 등 세계의 다양한 주식 시장에 분산하여 투자할 수 있습니다. 이는 지역, 산업, 자산 종류 등 다양한 차원에서 투자 포트폴리오를 구성하고 리스크를 분산하는 데 도움이 됩니다.

📈 글로벌 하이일드펀드

일반 채권보다 위험이 높은 대신 금리가 높은 하이일드채권에 투자해 고수익·고위험을 추구하는 해외채권형펀드입니다. 이러한 펀드는 일반적으로 수익률이 상대적으로 높지만, 그에 따른 신용 리스크가 존재하는 고위험 채권에 중점을 둡니다. 글로벌 하이일드 펀드는 일반적으로 정기적인 이자 지급과 함께 채권의 가치 변동에 따라 수익을 얻는 특징이 있습니다.

증권기사를 읽는데 용어를 모른다고

그러나 이러한 펀드는 시장의 변동성이 크고 신용 등급이 낮은 채권에 투자하므로 투자자들은 이에 대한 높은 리스크를 인식하고 투자해야 합니다.

글로벡스

글로벌^{Global}과 익스체인지^{Exchange}의 합성어인 글로벡스^{GLOBEX}는 정규 거래가 불가능한 야간 시간에 선물 및 옵션에 대한 거래를 할 수 있도록 하기 위한 목적으로 만든 장외 선물거래 시스템을 말합니다. 1992년 미국 시카고의 선물거래소와 영국의 로이터사에서 1992년 6월 공동으로 개발하였으며 전 세계 전산망을 이용하여 24시간 선물 거래가 가능합니다.

금고주

일단 발행되어 사외로 나갔던 주식을 해당 회사가 취득한 주식을 말합니다. 자기주식 또는 자사주, 사내주, 재원주에 해당하는 영미법상의 용어인데 '회사금고에 보유되어 있는 주식'이란 뜻입니다.

금리선물옵션

옵션매입자가 미래의 일정 시점 이전에 특정 금리의 선물계약을 미리 행사가격으로 매입 또는 매도할 수 있는 권리를 가지게 되는 계약을 말합니다. 예상하지 못한 금리변동으로 초래되는 금융자산의 가치변동위험을 방어하거나 또는 추가이익의 실현을 위해서 이용되는 선택권부 금융선물거래를 말합니다.

📈 금융선물

미래의 특정시점에서 특정 금융상품을 사거나 팔기로 약속하는 계약을 말합니다. 이 계약에는 상품의 종류, 가격, 거래 시점 등이 명시되어 있습니다. 예를 들어, 주식시장에서 A기업의 주식 가격이 현재 10,000원이라고 가정해 봅시다. 여기서 투자자가 6개월 후에 A기업의 주식을 11,000원에 사겠다는 선물 계약을 맺었다고 해봅시다. 이 계약은 투자자가 A기업의 주식 가격이 6개월 뒤에 11,000원 이상으로 상승할 것이라 예상했기 때문입니다. 6개월 후에 A기업의 주식 가격이 12,000원으로 상승했다면, 투자자는 선물 계약에 따라 11,000원에 주식을 사고 바로 12,000원에 팔아 1,000원의 이익을 얻을 수 있습니다. 반면에, 주식 가격이 10,000원으로 떨어졌다면 1,000원의 손실을 보게 됩니다.

따라서 금융선물은 미래의 불확실성을 관리하고, 투자자가 예상하는 시장의 움직임에 따라 수익을 얻거나 손실을 보게 됩니다.

📈 금융장세

실물경기와는 상관없이 금리하락을 배경으로 주식시세가 전체적으로 상승하는 현상을 말합니다. '유동성 장세'라고도 합니다. 우리나라의 대표적 금융장세는 1987년 3월부터 1989년 4월까지 나타났는데, 금융주와 건설주의 상승세가 두드러졌습니다.

증권기사를 읽는데 용어를 모른다고

☑ 금융지주회사

금융기관을 자회사로 두고, 자회사의 경영을 통합 관리하는 회사입니다. 금융지주회사는 금융기관의 규모를 키우고, 경영 효율성을 높이기 위해 설립되었습니다. 금융지주회사는 특정 사업부문에 대한 진입 퇴출이 용이하고 겸업화 대형화를 통해 경쟁력을 제고할 수 있는 장점이 있습니다. 국내에서 대표적인 금융지주회사로는 KB금융, 신한금융, 우리금융 등이 있고 이런 회사들은 주로 은행, 보험, 증권, 자산관리 등 다양한 금융 서비스를 하나의 그룹으로 운영하고 있습니다.

☑ 급등

주가가 빠르게 상승하는 것을 말합니다. 급등은 여러 가지 이유로 발생할 수 있는데, 대표적으로는 기업의 실적이 개선되거나, 기업의 신규 사업이 성공할 가능성이 높다고 판단될 때 급등하는 경우가 많습니다. 또한, 시장 분위기가 좋을 때에도 주가가 급등하는 경우가 있습니다. 급등은 투자자에게 큰 수익을 가져다 줄 수 있지만, 반대로 큰 손실을 가져다 줄 수도 있기 때문에 주의해야 합니다. 급등하는 종목을 투자할 때는 해당 종목의 가치를 면밀히 검토하고, 투자에 대한 충분한 이해를 바탕으로 투자해야 합니다.

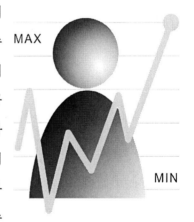

☑ 기관투자자

금융기관, 보험회사, 연기금, 자산운용사 등과 같이 전문적인 투자를 하는 단체를 말합니다. 기관투자자는 개인투자자와 달리 대규모의 자금을 투자할 수 있기 때문에, 주식시장에서 큰 영향력을 행사합니다. 주로 장기적인 관점에서 투자하기 때문에, 개인투자자보다 주식시장의 변동성에 덜 민감합니다. 전문적인 투자 분석을 통해 주식을 매수하기 때문에, 개인투자자보다 더 나은 투자 성과를 거둘 수 있습니다. 하지만 기관투자자는 대규모의 자금을 투자하기 때문에, 주식시장에 큰 영향을 미칠 수 있다는 단점이 있습니다. 또한, 개인투자자보다 더 많은 정보에 접근할 수 있기 때문에, 정보의 불균형으로 인해 개인투자자가 불이익을 받을 수 있습니다.

기관 순매매 상위							
코스피 기관 순매수 (단위 : 천주, 백만주)							
			23.11.14				23.11.15
종목명	수량	금액	당일거래량	종목명	수량	금액	당일거래량
삼성전자	2,739	194,169	9,567,984	삼성전자	5,189	373,079	20,148,677
삼성SDI	95	41,599	373,809	KODEX레버리지	7,580	121,780	24,732,106
KODEX레버리지	1,869	28,968	14,647,753	기아	612	49,682	2,150,765
SK하이닉스	216	28,145	2,589,591	NAVER	198	40,484	846,436
기아	307	23,961	1,037,469	LG화학	75	36,113	261,064

<출처 : 네이버페이 증권>

☑ 기관화 현상

증권시장에 있어서 기관투자가의 영향이 막대해지는 것을 말합니다. 국

증권기사를 읽는데 용어를 모른다고

내시장에서 기관투자자의 주식소유 비중이 86년 20%에서 93년 30%, 2022년 기준으로 60%를 차지하고 있습니다. 기관화 현상은 여러 가지 요인에 의해 발생하는데, 대표적으로는 금융시장의 성장, 퇴직연금제도의 도입, 자산운용사의 증가 등을 들 수 있습니다. 금융시장의 성장으로 인해 투자할 수 있는 자금이 증가했고, 퇴직연금제도의 도입으로 기관투자자의 자금이 증가했습니다. 또한, 자산운용사의 증가로 인해 기관투자자의 투자가 더욱 활성화되었습니다.

기대감

주식 시장에서 특정 종목이나 시장 전체에 대해 긍정적인 전망이나 예상이 높아지는 상태를 의미합니다. 이는 투자자들이 향후 주가 상승이나 기업의 성장에 대해 낙관적으로 기대하고 있는 상황을 말합니다. 예를 들어, 어떤 기업이 새로운 혁신적인 제품을 출시하거나 실적이 예상보다 뛰어나게 나왔을 때, 투자자들은 이 기업에 대한 기대감을 가질 수 있습니다. 또한, 정부의 경제 정책이나 금리 변동, 국제적인 경제 상황 등에 대한 긍정적인 전망도 기대감을 증폭시킬 수 있습니다.

기명주식

주주의 성명이 주권 및 주주명부에 기재되어 있는 주식을 말합니다. 주식의 소유자의 실제 성명이 회사의 주주 명부에 기록되어 있어 언제든지 확인할 수 있는 주식입니다.

📈 기세

주식 시장에서 주가가 특정 방향으로 빠르게 움직이는 추세를 나타내는 용어입니다. 보통 주식 시장에서는 상승세나 하락세라는 용어와 연관돼 사용되며, 투자자들이 주가의 움직임을 파악하는 데 중요한 역할을 합니다. 예를 들어, '상승 기세'는 주식 시장에서 특정 종목이나 전체 시장이 일정 기간 동안 계속해서 상승하고 있는 상태를 의미합니다. 반대로 '하락 기세'는 주식 시장에서 특정 종목이나 전체 시장이 일정 기간 동안 계속해서 하락하고 있는 상태를 의미합니다.

📈 기업공개

기업이 자사의 주식을 공개하여 시장에서 거래되게 하는 것을 의미합니다. 이는 주식을 일반 투자자들에게 판매하고, 주식이 증권거래소에 상장되어 시장에서 자유롭게 거래될 수 있도록 하는 프로세스를 포함합니다.

IPO (기업공개)

국내증시 (IPO종목)

종목명	공모가	상장단계	주관사	청약종료일
에스와이스틸텍	1,800	공모청약	KB증권	2023.11.02
에이직랜드	25,000	공모청약	삼성증권	2023.11.03
한국제13호스팩	2,000	공모청약	한국투자증권	2023.11.02
캡스톤파트너스	4,000	공모청약	NH투자증권	2023.11.07
에코프로머티리얼즈	36,200	공모청약	미래에셋증권	2023.11.09

<출처 : 네이버>

증권기사를 읽는데 용어를 모른다고

☑ 기업합병

두 개 이상의 기업이 합쳐져서 하나의 기업이 되는 것을 말합니다. 기업합병은 여러 가지 이유로 발생할 수 있는데, 대표적으로는 규모의 경제를 달성하기 위해서, 시장점유율을 확대하기 위해서, 경쟁력 또는 경영권을 강화하기 위해서 등이 있습니다. 이 때 A기업과 B기업 주주들은 새로운 기업의 주주가 되며, 두 기업의 자산과 부채는 통합됩니다.

☑ 기준가격

주식 거래에 있어서 매매의 기준이 되는 가격입니다. 보통은 종가(전날 종가)를 기준으로 하지만, 상한가, 하한가, 시초가 등도 기준 가격으로 정해질 수 있습니다. 하지만 유상증자, 무상증자, 주식배당 등이 이루어지는 경우에는 이벤트 발생 전후의 변화된 주식가치를 기준가격에 반영해 줄 필요가 있습니다.

☑ 기준금리

한 나라의 금리를 대표하는 정책금리로서 한국은행의 최고 결정기구인 금융·통화위원회에서 매달 회의를 통해서 결정하는 금리입니다. 중앙은행이 기준금리를 낮추면, 은행들이 돈을 빌리기가 더 쉬워지고 이로 인해 시중에 유동성이 늘어나게 되면서 경제가 활성화 되고, 반대로 기준금리를 올리면 은행들이 돈을 빌리기가 어려워지고, 이로 인해 경제 활동이 억제되는 효과가 나타나게 됩니다.

중앙은행 기준금리		
미국연방준비은행 11월 02일	5.50%	-
한국은행 10월 19일	3.50%	-
유럽중앙은행 10월 26일	4.50%	-
영국은행 11월 02일	5.25%	-
일본은행 10월 31일	-0.10%%	-

<출처 : 네이버>

📈 기회비용

어떤 선택을 했을 때 포기해야 하는 다른 선택의 가치를 말합니다. 예를 들어, 주식 투자를 할 때는 주식 투자 대신 다른 투자를 할 수 있는 기회를 포기해야 합니다. 이때 포기해야 하는 다른 투자의 가치가 바로 기회비용입니다. 주식 투자를 할 때는 다른 투자를 할 수 있는 기회를 포기해야 하기 때문에, 주식 투자의 수익률이 다른 투자의 수익률보다 높아야만 투자를 할 가치가 있습니다. 따라서 주식 투자를 할 때는 기회비용을 고려하여 투자 결정을 내려야 합니다.

예를 들어, 주식 투자를 해서 10%의 수익을 얻는다면, 다른 투자를 했을 때 15%의 수익을 얻을 수 있었다면 기회비용은 5%가 됩니다. 이때 주식 투자는 다른 투자에 비해 수익률이 낮기 때문에 투자를 하지 않는 것이 좋습니다.

증권기사를 읽는데 용어를 모른다고

⬚ 긴축발작

주로 미국의 양적 완화 축소에 따라 자금을 회수했을때 신흥국들의 통화 가치, 환율급등, 증시 등이 급락하는 사태로, 긴축 경련이라고도 부릅니다.

⬚ 깡통

일반적으로 주식 시장에서 주가가 급락하 여 거의 가치가 없는 것을 말합니다. 예를 들 어, 어떤 기업의 주식이 급락하여 거의 아무 가치가 없는 수준으로 떨어진 경우에 그 주 식을 '깡통'이라고 합니다. 이는 주가가 하락  하여 투자자들이 큰 손실을 입은 상황을 가리키며, 주가가 거의 제로에 가 까운 수준으로 하락했다는 의미에서 사용됩니다.

⬚ 깡통계좌

투자자가 자신의 돈과 증권회사로부터 빌린 자금을 합쳐 사들인 주식의 가격이 융자금 이하로 떨어져 담보유지비율이 100% 미만인 계좌를 말합 니다.

예를 들어 4,000만원을 보유한 투자자가 증권회사로부터 6,000만원을 융 자받아 1억원 상당의 주식을 매입한 경우 융자받은 6,000만원의 130%인 7,800만원 아래로 떨어질 경우 담보부족계좌가 되며, 6,000만원 미만이면 깡통계좌가 되어 한푼도 건질 수 없게 됩니다.

☑ 꼬리

주식 시장에서 주가의 급락이나 급등과 같은 극단적인 움직임을 가리키는 표현입니다. 이는 주가 분포 그래프에서 극단적으로 긴 꼬리 모양이 되는 것을 의미하며, 시장에서 예상치 못한 큰 움직임을 나타냅니다. 예를 들어, 어떤 주식의 가격이 급등하거나 급락하는 상황을 말할 때 '꼬리가 나왔다'라고 표현할 수 있습니다. 이는 시장에서 예상치 못한 큰 움직임이 발생했다는 의미이며, 이러한 극단적인 상황은 투자자들에게 큰 영향을 미칠 수 있습니다.

증권기사를 읽는데 용어를 모른다고

피터 린치의 투자철학

어떤 기업의 매장을 좋아하게 되면 그 주식을 사랑하게 될 가능성이 높다. 애널리스트마저 외면할 때야말로 그 업종 또는 그 기업에 투자할 때이다.

피터 린치는 가장 성공적인 뮤추얼 펀드 매니저 중 한 명으로 알려져 있습니다. 그의 투자 철학은 복잡하거나 이해하기 어렵지 않습니다. 그의 투자 철학은 다음과 같은 주요 원칙들로 구성되어 있습니다.

1. **이해할 수 있는 사업에 투자하라** : '이해할 수 있는 사업'에 투자하는 것을 강조했습니다. 그는 투자자들이 자신이 이해하고, 기업의 사업 모델, 경쟁 환경, 산업 동향 등을 파악할 수 있는 기업에 투자하라고 조언했습니다.
2. **장기적인 관점을 가져라** : 장기적인 관점을 가지고 투자하는 것의 중요성을 강조했습니다. 그는 주식 시장이 단기적으로는 예측할 수 없지만, 장기적으로는 합리적인 결과를 보여준다고 믿었습니다.
3. **'다양한 종류의 주식' 투자** : 포트폴리오를 다양한 종류의 주식으로 구성하는 것을 추천했습니다. 그는 그로스 주식, 스타블 주식, 스페셜 주식 등 다양한 카테고리의 주식을 권장했습니다.
4. **회사 연구에 집중하라** : 회사에 대한 철저한 연구를 통해 투자 기회를 찾는 것을 강조했습니다. 그는 재무제표 분석, 경영진 평가, 사업 전략 등을 통해 기업의 가치를 평가하라고 권장했습니다.
5. **시장 타이밍에 너무 집착하지 마라** : 시장 타이밍에 너무 많은 집중은 피해야 한다고 말했습니다.

이렇게 린치의 투자 철학은 간단하고 직관적입니다. 그는 복잡한 전략보다는 이해할 수 있는 사업에 투자하고, 장기적으로 생각하고, 회사를 철저히 연구하는 것을 중요하게 생각했습니다.

☑ 나스닥

뉴욕 월가에 위치해 있는 미국의 대표적인 증권거래소 중 하나입니다. 1971년 2월 8일에 창립되었고 미국의 벤처기업들이 자금 조달을 쉽게 할 수 있도록 시스템을 갖추고 있습니다. 시가총액 기준 뉴욕증권거래소^{NYSE}에 이은 세계 2위 증권거래소입니다. 상장, 상장 유지, 추가 상장, 주식 배당 등의 수수료가 NYSE보다 많이 낮은 편입니다.

나스닥 종합

나스닥 시장의 종합지수. 주로 구글, 애플, 아마존닷컴 등 첨단기술과 인터넷 기업이 상장돼 있음.

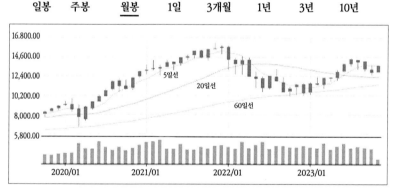

<출처 : 네이버페이 증권>

☑ 납입자본금

주식회사가 수권자본금 범위 내에서 발행한 주식 가운데 인수납입이 완료된 자금을 말합니다.

📈 납회

증권거래소에서 1년 중 마지막으로 유가증권 매매가 이뤄지는 날을 말합니다. 주권은 공휴일을 제외한 연말 3일간, 수익증권과 채권은 공휴일을 제외한 연말 2일간 휴장하도록 되어 있습니다. 따라서 그 전날이 납회일이 됩니다.

📈 낮의 샛별(양선)

주가가 시가보다 종가가 높은 경우를 뜻합니다. 대체로 바닥시가를 나타냅니다.

📈 내부자거래

기업의 내부자(임직원, 주주 등)가 기업의 내부 정보를 이용하여 주식을 매매하는 것을 말합니다. 내부자거래는 불공정거래에 해당하며, 처벌을 받을 수 있습니다. 내부자거래는 기업의 내부 정보를 이용하여 주식을 매매하기 때문에, 일반 투자자들보다 유리한 정보를 가지고 주식을 매매할 수 있습니다. 이는 일반 투자자들에게 피해를 주고, 시장의 공정성을 해치는 행위입니다.

📈 내수관련주

국내에서 생산되고 소비되는 제품이나 서비스와 관련된 기업의 주식을 말합니다. 건설(주택), 전기, 금융, 음식료, 제약업종 등이 대표적인 내수관련주입니다. 국내 소비자들의 소비 패턴이나 경제 여건이 바뀌면 해당 기업의 수익에 큰 영향을 미칠 가능성이 높습니다.

증권기사를 읽는데 용어를 모른다고

📈 내재가치

현재의 순자산액을 나타내는 자산가치와 장래의 수익력을 평가한 수익가치를 포함한 개념입니다. 내재가치는 기업의 수익성과 성장성, 자산 가치 등을 고려하여 산출합니다.

✓ 넝마주

기업 내용이 부실하여 시장에서 주목받지 못하는 주식을 말합니다. 기업의 경영상태가 좋지 않아 주가가 액면가를 밑돌고, 미래의 사업전망도 불투명하여 성장성이나 수익성이 거의 없어 투자자들로부터 소외된 주식을 말합니다.

📈 네 마녀의 날

증시에서 주가지수 선물과 옵션, 개별주식 선물과 옵션 등 4가지 파생상품의 만기가 겹쳐 주식시장의 변화를 예측할 수 없는 날을 일컫는 말입니다. 네 마녀의 날은 주가 변동성이 커서, 투자자들이 주의를 기울여야 합니다.

✓ 뇌동매매

나만의 매매규칙과 기준없이 일시적 감정과 분위기에 휩쓸려 매매하는 것을 말합니다. 뇌동매매는 주가가 급등하거나 급락할 때 많이 발생합니다.

☑ 누름

주식 시장에서 주가가 상승하는 것을 막는 것을 말합니다. 주로 대형 투자자들이 주가를 조작하기 위해 사용합니다. 주가가 상승하는 것을 막기 때문에, 투자자들이 주식을 매수하기 어렵게 만듭니다. 누름은 주가 조작의 한 형태이기 때문에, 불법입니다.

☑ 뉴욕증권거래소

증권거래소^{NYSE}는 미국 뉴욕에 있는 세계 최대 규모의 증권거래소입니다. 뉴욕증권거래소는 1792년에 설립되었으며, 세계 금융 중심지인 월 스트리트^{Wall Street}의 상징이며 아멕스^{AMEX}, 나스닥^{NASDAQ}과 함께 미국 3대 증권거래소이기도 합니다. 다우지수와 스탠더드앤드푸어스500지수 등 세계 증시의 주요 지표가 되는 지수들이 뉴욕증권거래소를 통해 산출됩니다.

증권기사를 읽는데 용어를 모른다고

📈 니프티 나인

2015년 미국 투자자들의 자금이 몰린 9개 우량주를 말합니다. 페이스북 아마존 넷플릭스 구글 등 정보기술IT 대장주 4개에 마이크로소프트MS, 세일즈포스, 이베이, 스타벅스, 프라이스라인 등 5개 종목을 더한 것입니다. '니프티 나인'이란 용어는 2016년 1월 4일 파이낸셜타임스FT가 4일 보도한 기사에서 처음 쓴 용어입니다.

조지 소로스의 투자철학

우선 시장에서 살아남고 그 다음에 돈을 벌어라.
위기 상황이 와도 흔들리지 말고 인내하라.

조지 소로스는 세계적으로 유명한 투자가로, 그의 투자 철학은 '재귀성 이론(theory of reflexivity)'라는 독특한 이론에 기반을 두고 있습니다. 그의 투자 철학에 대해 자세히 살펴보면 다음과 같습니다.

1. **재귀성 이론** : 시장 참가자들의 행동이 시장 가격에 영향을 미치며, 그런 가격 변동이 다시 시장 참가자들의 행동을 바꾸는 상호작용 과정을 설명합니다. 즉, 시장은 항상 불완전하고 불안정하며, 그것이 변동성과 기회를 제공한다는 것입니다.
2. **대조적 투자** : 대체로 대중의 의견과 반대로 행동하는 대조적 투자 전략을 선호했습니다. 그는 시장의 극단적인 행동을 이용하여 수익을 창출하려고 했습니다.
3. **직관과 경험** : 직관과 경험을 매우 중요하게 생각했습니다. 그는 복잡한 시장 분석보다는 자신의 직관과 경험에 의존하여 투자 결정을 내렸습니다.
4. **유동성 관리** : 투자 포트폴리오의 유동성 관리를 중요하게 생각했습니다. 그는 투자 결정을 내릴 때 항상 자금의 유동성을 고려하여 위험을 관리했습니다.
5. **매크로 전략** : 매크로 경제적 요인을 중요하게 생각했습니다. 그는 통화 정책, 경제 사이클, 국제 정치 사건 등의 매크로 경제적 요인이 자산 가격에 큰 영향을 미친다고 믿었습니다.

이렇게 소로스의 투자 철학은 그의 독특한 참조 이론에 기반을 두고 있으며, 대중적인 의견과는 대조적인 투자 전략을 선호하고, 직관과 경험에 의존하여 투자 결정을 내리는 것이 특징입니다. 그는 또한 매크로 경제적 요인과 자금의 유동성을 중요하게 고려하였습니다.

☑ 다우존스 산업평균지수

미국 뉴욕증권거래소에 상장된 30개 대형 기업의 주가를 평균한 지수입니다. 1896년부터 발표된 세계에서 가장 오래된 주가지수로, 미국의 대표적인 주가지수 중 하나입니다. 현재, 다우존스 지수는 경제 활동과 기업 성과를 측정하는 중요한 지표로 인정받고 있습니다. 이는 주식 시장의 건강 상태를 대표하는 지표로 사용되며, 특히 미국 경제의 일반적인 동향을 파악하는 데 도움이 됩니다.

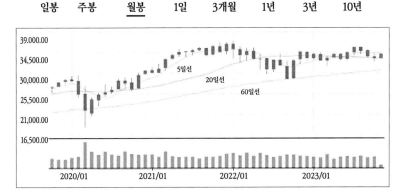

<출처 : 네이버페이 증권>

☑ 다중바닥

쌍바닥은 단기 바닥이 두 번 잡힌 패턴이며 단기바닥이 세 번, 네 번 이상 잡힌 모습을 다중바닥이라고 표현합니다.

📈 다중채무

개인이나 기업이 여러 은행이나 금융기관으로부터 대출을 받아 여러 개(3개 이상)의 상환 의무를 갖고 있는 상황을 말합니다. 이는 주로 부채의 다양성과 규모가 높아져 재무적인 부담을 초래할 수 있는 상황을 나타냅니다.

📈 다크풀

주식을 장외에서 익명으로 대량 매매하는 거래 기법을 말합니다. 거래소 장 시작 전에 기관투자자의 대량 주문을 받아 매수·매도 주문을 체결하고, 장 종료 후 매매를 체결하는 시스템을 말합니다. 주로 기관투자자가 대규모로 주식을 매매할 때 사용합니다.

📈 단기과열

주식 시장에서 특정 주식이나 자산의 가격이 단기간 내에 지나치게 높아지는 현상을 나타냅니다. 이는 수요가 급증하거나 투자자들의 과도한 관심으로 인해 가격이 급상승하는 상황을 의미합니다.

📈 단순주가평균

특정 기간 동안의 주식 가격을 모두 더한 뒤, 그 총합을 주식의 개수로 나눠서 구한 값으로, 주식 시장에서 일반적으로 사용되는 지표 중 하나입니다. 이는 특정 기간 동안의 주식 가격의 평균값을 제공하여 시장의 흐름을 간략하게 파악할 수 있도록 도와줍니다.

예를 들어, 특정 주식이 5일 동안의 가격이 각각 100원, 105원, 98원, 102

증권기사를 읽는데 용어를 모른다고

원, 110원이라면, 이 주식의 5일간의 단순주가평균은 (100 + 105 + 98 + 102 + 110) / 5 = 103.0원이 됩니다.

단순주가평균은 투자자들이 일정 기간 동안의 주식 가격의 흐름을 파악하고 추세를 예측하는 데 도움을 줄 수 있습니다.

☑ 단일가 매매

투자자 주문을 일정시간 동안 모아 일시에 하나의 가격으로 체결하는 방식입니다. 보통 단기 과열종목으로 지정되거나 VI가 발동되었을 때입니다. 단기과열 종목으로 지정되면 30분 단위로 체결됩니다.

☑ 단주매매

특정 주식을 최소한의 주식 단위로만 거래하는 행위를 나타냅니다. 주식시장에서는 일반적으로 최소 매매 단위가 정해져 있지만, 단주매매는 그 최소 단위보다 더 작은 단위로 거래하는 것을 의미합니다. 예를 들어, 어떤 주식이 일반적으로 1주에 대한 최소 매매 단위가 10주인데, 단주매매를 허용하는 경우 1주 또는 그 이하의 단위로만 거래할 수 있습니다. 이는 특정 투자자가 소액으로 특정 주식에 투자하거나 거래할 때 편리하게 활용될 수 있습니다.

☑ 달러코스트 평균법

일정 기간 동안 일정한 간격으로 동일한 펀드 또는 주식에 고정 금액을 투자하는 것을 의미합니다. 이 방법은 주식시장이 상승할 때도 하락할 때도 일정한 금액을 투자하기 때문에, 평균적으로 낮은 가격에 주식을 매수할 수 있습니다. 달러코스트 평균법은 주식시장의 변동성에 영향을 받지 않고, 장기적으로 투자할 때 유용합니다. 국내의 주식시장은 변동성이 크고, 달러코스트 평균법은 장기적으로 투자할 때 유용하기 때문에 우리나라의 투자자들에게 유용한 방법입니다.

📈 달러평균법

정기적으로 특정 종목의 주식을 일정 금액만큼 사들이되 주가가 올라가면 적은 수량을 사고 내려가면 많은 수량을 사서 주식 취득 가격의 평균을 낮추는 투자 방법입니다. 장기 투자에 좋은 방법입니다.

📈 당기순이익

기업이 특정 기간 동안 올린 총 수익에서 총 비용을 뺀 순이익을 나타내는 지표입니다. 당기순이익은 일반적으로 분기별 또는 연간 보고서에서 확인할 수 있으며, 기업이 해당 기간 동안 얼마나 이익을 내었는지를 파악하는 데 사용됩니다. 예를 들어, 기업 A가 특정 연도에 10억원의 수익을 올리고, 이를 얻기 위해 7억원의 비용을 지출했다면, 해당 연도의 당기순이익은 3억원이 됩니다. 이는 기업이 해당 기간 동안 순수하게 얼마나 이익을 내었는지를 나타내는 수치로, 투자자나 경영진이 기업의 경제적인 건강 상태를 평가하는 데 중요한 지표 중 하나입니다.

📈 당일결제거래

유가증권의 매매계약을 체결한 그날 수도결제를 하는 거래를 말합니다. 우리나라는 보통거래가 일반적이지만 채권 등과 같은 특별한 경우엔 당일

증권기사를 읽는데 용어를 모른다고

결제거래가 함께 허용되고 있습니다.

☑ 당일치기

주식을 매수하고 당일에 매도하는 것을 말합니다. 주식시장에서 가장 흔한 거래 방식입니다. 투자자가 주식을 매수하고 매도하는 데 드는 시간과 비용을 최소화할 수 있고 시장의 변화에 빠르게 대응할 수 있다는 장점이 있습니다. 우리나라의 주식시장에서는 당일치기가 흔한 거래 방식입니다. 우리나라의의 주식시장은 변동성이 크기 때문에, 투자자들이 시장의 변화에 빠르게 대응해야 합니다.

☑ 대놓다

현재 거래되는 가격보다 낮은 가격에 지정가 매수 주문을 내놓는 것을 말합니다.

☑ 대량매매

주식 시장에서 특정 주식이나 금융 상품을 대량으로 매도 또는 매수하는 거래를 의미합니다. 이는 일반적으로 큰 규모의 자금이나 투자자가 특정 자산에 대해 대규모로 거래를 진행하는 것을 나타냅니다. 예를 들어, 어떤 기관 투자자가 특정 주식을 대량으로 매수한다면, 그 주식의 가격에 영향을 미치고 시장에서 큰 주목을 받을 수 있습니다. 이는 특정 기관이나 대규모 투자자의 행동이 주식 시장의 거래량이나 가격에 미치는 영향을 나타내는 중요한 현상 중 하나입니다.

대량매매는 종종 시장에서 큰 파동을 일으킬 수 있어, 투자자들은 이러한 거래에 주의를 기울이며, 대량매매가 주는 시그널을 분석하여 투자 전략을 구성하기도 합니다.

📈 대량주식소유의 신고

한 개인이나 기관이 특정 회사의 주식을 일정 비율 이상 소유하고 있다면 해당 정보를 증권관리위원회에 신고해야 하는 규정을 말합니다.

📈 대용가격

증권매매의 위탁보증금으로서 현금 대신에 유가증권이 사용되는데, 이때 그 대용유가증권의 가격을 대용가격이라고 합니다. 대용가격은 기준시세에 해당 사정비율을 곱하여 산출합니다.

📈 대용금

보유하고 있는 주식이나 채권을 담보로 써서 증거금으로 사용할 수 있는 금액을 뜻합니다. 대용금은 보통 전일종가의 70%~80% 정도의 대용가격이 매겨집니다.

📈 대용증권

투자자가 증거금이나 보증금을 납입할 때 현금 대신 사용할 수 있도록 지정된 유가증권을 뜻하며, 일반적으로 상장회사의 주식, 공채, 기타 증권거래소가 지정하는 유가증권이 대용증권으로 사용됩니다.

📈 대주

주식을 증권회사 또는 증권금융회사로부터 대여받는 것을 말합니다. 고

증권기사를 읽는데 용어를 모른다고

객은 높은 가격에서 주식을 빌려 매각한 뒤, 가격이 내렸을 때 그 수량만큼의 주식을 사서 갚음으로써 시세 차익을 얻으려는 것입니다.

📉 대주거래

개별종목 주식 값이 떨어질 것으로 예상될 때 증권사에서 해당 주식을 빌려서 판 뒤 주식 값이 판 가격보다 더 떨어지면 싼 가격에 사서 상환함으로써 차익을 얻는 거래 방식을 말합니다. 예를 들어 현재 10,000원에 거래되는 회사의 주식이 하락할 것이라고 예상하고 매각한 뒤 일정시간 후에 9,000원에 매입하면 주당 1,000원의 차익을 거둘 수 있습니다.

📈 대주주

기업의 주식을 가장 많이 수요한 사람을 말하며, 이중 가장 많은 주식을 소유한 개인 혹은 법인은 최대주주가 됩니다. 대주주가 되기 위해서는 기업 M&A, 주식 매입이 있으며, 이러한 방법을 통해 대상 기업의 지분을 취득함으로써 대주주가 될 수 있습니다.

📈 대주주 지분율

어떤 기업의 주식을 소유하고 있는 대주주가 전체 주식 중 어느 정도의 비율을 소유하고 있는지를 나타내는 지표입니다. 이는 특정 주주나 기업이 해당 기업의 주요 의사결정에 큰 영향을 미치고 있는지를 판단하는 중요한 수치입니다. 예를 들어, ABC 기업이 있고, 개인 A가 ABC 기업의 주식 중 40%를 소유하고 있다면, A는 ABC 기업의 대주주이며 대주주 지분율은 40%입니다. 이는 상당히 큰 지분으로, A가 ABC 기업의 경영에 큰 영향을 미칠 수 있다는 것을 시사합니다.

대주주 지분율이 높을수록 해당 대주주가 기업에 대한 의사결정에 큰 영향력을 행사할 가능성이 높습니다. 이는 종종 주주총회에서의 투표권 및 의결력에 직결되며, 대주주의 입장에서는 기업의 방향과 전략을 결정하는 데 주도적인 역할을 수행할 수 있습니다.

대주주 지분현황 (삼성전자)

최대주주 삼성생명보험 외 15인 1,236,195,301주 (20.71%)

대표주주	보고자	보유주식수	보유지분(%)	최종거래일	변동주식수	변동지분(%)	변동사유
삼성생명보험	삼성생명보험	508,157,148	8.51	21/04/29	0	0.00	보고자변경(+)
	삼성물산	298,818,100	5.01	18/05/04	292,841,738	4.91	액면분할(+)
	홍라희	117,302,806	1.96	22/03/24	-19,941,860	-0.33	시간외매매(-)
	이재용	97,414,196	1.63	21/04/29	55,394,046	0.93	상속(+)
	삼성화재해상보험	88,802,052	1.49	18/05/31	-4,016,046	-0.07	시간외매매(-)

<출처 : 네이버페이 증권>

📈 대차거래

대여'와 '차입'의 의미를 가지고 있는 주식 용어입니다. 이는 주식을 보유하고 있는 사람(대여인)이 그 주식을 일정 기간 동안 다른 사람(차입인)에게 빌려주는 것을 말합니다. 그리고 차입인은 대여된 주식을 팔아 다시 사서 원래의 주인에게 돌려주는 형태의 거래를 말합니다. 이런 대차거래는 주가 하락을 예상하고 이를 통해 수익을 내려는 투자자들에게 주로 이용되는 방법입니다.

예를 들어, "A"라는 투자자가 "B" 회사의 주가가 내려갈 것이라는 예상을 하고 있다고 가정해봅시다. 그러나 "A"는 "B" 회사의 주식을 가지고 있지 않습니다. 이런 경우, "A"는 대차거래를 통해 "B" 회사의 주식을 빌릴 수 있습니다.

먼저, "A"는 대여인으로부터 "B" 회사의 주식을 빌립니다. 그리고 "A"는 빌린 주식을 바로 팔아 현금을 얻습니다. 이후에 "B" 회사의 주가가 실제로 내려갔다면, "A"는 주가 하락 후에 주식을 다시 사서 대여인에게 돌려줍니다. 이렇게 되면 "A"는 주식을 높은 가격에 팔고 낮은 가격에 사서 차이만큼의 이익을 얻게 됩니다.

하지만, 만약 "B" 회사의 주가가 상승한다면 "A"는 손해를 볼 수 있습니다. 왜냐하면 "A"는는 빌린 주식을 다시 사기 위해 더 많은 돈을 지불해야 하기 때문입니다. 따라서 대차거래는 주식 시장의 움직임을 정확히 예측할 수 있는 능력이 필요한 고위험 고수익의 투자 방식입니다.

☑ 대항매수

주식시장에서 주가 하락세를 보이는 상황에서, 투자자들이 이를 막기 위해 주식을 매입하는 것을 말합니다. 이런 행위는 주가의 추가적인 하락을 방지하고, 시장의 안정을 유지하는 역할을 하는 경우가 많습니다.

예를 들어, "A" 회사의 주가가 최근에 계속해서 하락하고 있다고 가정해 봅시다. 이는 "A" 회사의 경영상의 문제나 경제적인 이슈 때문일 수 있습니다. 이런 상황에서 "B"라는 투자자는 "A" 회사의 주식을 매입함으로써 주가의 추가 하락을 막으려는 의도를 가질 수 있습니다.

B" 투자자가 "A" 회사의 주식을 매입함으로써, 주식의 공급과 수요의 균형이 맞춰지고 주가의 하락세가 일시적으로 멈추게 됩니다. 이렇게 "B" 투자자가 시장의 하락세에 맞서 주식을 매입하는 행위를 '대항매수'라고 부릅니다.

⬈ 더블위칭데이

두 종류의 옵션 혹은 선물이 동시에 만료되는 날을 말합니다. 선물과 옵션의 만기일이 겹치는 날에 어떤 변화가 일어날지 아무도 예측할 수 없다는 의미에서 생겨난 말입니다. 예전의 더블위칭데이는 선물, 옵션 만기일이 겹치는 3월, 6월, 9월, 12월 둘째주 목요일을 말하는데 이때 잔고청산의 영향으로 주가가 급등락하는 경우가 많았다고 합니다. 현재는 선물, 주가지수옵션, 개별주식옵션 등 3가지의 파생상품 시장의 만기일이 한번에 겹치는 트리플위칭데이라고 하는데 역시 같은 3월, 6월, 9월, 12월 목요일이 이 날에 해당됩니다.

⬈ 던지기

주식시장에서 매도자가 늘어나 주가가 큰 폭으로 떨어질 때 보유중인 주식을 던진다고 해서 붙여진 용어입니다. 갑작스런 악재 또는 폭락장이 발생했을 때 그 상황을 견디지 못하고 급하게 매도를 하는 경우입니다.

⬈ 데드캣 바운스

주식시장에서 가격이 급격히 하락한 후에 일시적으로 반등하는 현상을 의미합니다. 이 용어는 "죽은 고양이도 떨어지면 튕겨 오른다"라는 뜻의 영어 표현에서 유래되었습니다. 이는 고양이가 높은 곳에서 떨어져도 다리로 땅을 받아 튕겨 오르는 모습에 비유한 것입니다.

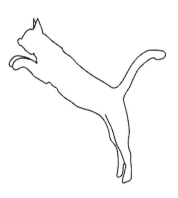

증권기사를 읽는데 용어를 모른다고

하지만 이 용어는 사실상 기업의 본질적인 가치나 경제적 상황이 개선된 것이 아니라, 단지 가격이 너무 낮아져 일시적으로 반등하는 상황을 의미하므로, 투자자들은 이를 잘못 해석하여 추가적인 손실을 입을 수 있습니다. 예를 들어보자면, COVID-19 팬데믹으로 인해 여행과 관련된 주식들이 크게 하락했던 사례가 있습니다. 이 때, 관광업계가 회복되는 첫 신호에 일부 주가들이 잠시 반등했지만, 팬데믹 상황이 계속되면서 다시 하락하는 모습을 보였습니다. 이런 경우가 바로 데드캣 바운스의 한 예입니다.

☑ 데드크로스

주식시장에서 주가의 단기이동평균선이 중장기이동평균선을 아래로 뚫는 현상을 가리킵니다. 단기이동평균선이 중장기이동평균선을 상향돌파하는 것을 말하는 골든크로스$^{Golden\ Cross}$와는 정반대의 개념입니다. 보통 50일 이동평균선(단기)이 200일 이동평균선(장기)을 아래로 통과할 때 데드크로스라고 말합니다. 이는 앞으로 주가가 하락할 것이라는 암시로 보는 경우가 많습니다.

데드크로스. 단기(50일) 이동평균선이 중장기(200일) 이동평균선 아래로 뚫는 현상

<출처 : investopedia>

📈 데이트레이딩

주식을 구매한 후 몇 시간 혹은 몇 분 이내에 팔아 이익을 내는 방법(초단타매매 기법)입니다. 이는 장기적인 가치 투자와는 대조적으로, 시장의 단기 변동성을 이용해 수익을 추구합니다. 개장 후 1시간과 폐장 전 1시간 동안 가장 활발하게 이루어집니다. 예를 들어, 특정 기업이 경영진 변경, 신제품 출시, 혹은 긍정적인 실적 발표 등의 소식을 알릴 경우, 이런 정보에 민감하게 반응하는 투자자들이 주식을 사들이고, 그로 인해 주가가 상승하면 그 때 팔아 이익을 내는 것이죠.

📈 돈 복사기

안정적이고 지속적으로 수익을 내는 주식이나 투자상품을 일컫습니다. 이는 마치 복사기가 돈을 계속해서 찍어내는 것처럼, 해당 주식이나 투자상품이 지속적으로 수익을 창출해낸다는 의미입니다.

📈 돌파

주식의 가격이 특정한 저항선이나 지지선을 넘어서는 것을 의미합니다. 저항선이란 주식 가격이 상승하다가 어려움을 겪는, 즉 상승세가 멈추는

증권기사를 읽는데 용어를 모른다고

경향이 있는 가격을 말합니다. 반대로 지지선은 주식 가격이 하락하다가 어려움을 겪는, 즉 하락세가 멈추는 경향이 있는 가격을 말합니다.

우리나라의 경제 상황에 맞춰 "돌파"에 대한 예를 들어보면, 2020년 코로나19 팬데믹으로 인해 많은 기업들의 주가가 하락했지만, 일부 IT 기업들은 이 기간에 주가가 상승하며 저항선을 돌파한 사례가 있습니다.

예를 들어, 비대면 서비스가 확산되면서 네이버와 카카오와 같은 IT 기업들의 주가는 새로운 고점을 찍었습니다. 투자자들이 이런 기업들의 성장 가능성을 인식하고 주식을 매수하면서, 주가는 기존의 저항선을 돌파하게 된 것입니다.

☑ 동시호가

주식시장에서 매수, 매도 주문이 집중적으로 발생하는 시간대를 가리키는 말입니다. 주로 장 시작 전이나 종료 전에 이루어지며, 이 시간에는 투자자들이 매수 또는 매도 주문을 동시에 내리기 때문에 '동시호가'라는 용어가 사용됩니다.

우리나라 주식시장에서는 장 시작 30분 전과 종료 10분 후에 동시호가 시간을 두고 있습니다. (오전 8시 30분~9시 사이, 오후 3시20분~30분 사이) 이 시간에 투자자들은 장 시작 전이나 후의 시장 동향을 예측하고, 그에 맞는 매수, 매도 주문을 내립니다.

예를 들어, 특정 회사가 장 마감 후에 긍정적인 실적 발표를 했다면, 다음 날 장 시작 전의 동시호가 시간에 매수 주문이 집중될 수 있습니다. 반대로, 부정적인 뉴스가 발표된 경우에는 매도 주문이 집중될 수 있습니다.

📈 동전주

주가가 매우 낮아 한 주당 가격이 동전 값과 비슷한 주식을 가리키는 말입니다. 이런 주식들은 주로 소액 투자자들의 관심을 받게 되는데, 그 이유는 가격이 낮아 적은 투자금으로도 많은 수의 주식을 사들일 수 있기 때문입니다. 또한, 주가가 낮은 만큼 상승률이 높을 가능성도 있어 이익을 기대하는 투자자들이 있습니다.

그러나 '동전주' 투자에는 주의가 필요합니다. 주가가 낮다는 것은 그만큼 해당 기업의 경영 상황이 좋지 않거나, 경영 불안 요인이 있을 수 있다는 신호입니다.

📈 동학개미

2020년 코로나19 팬데믹 이후 우리나라에서 개인 투자자들이 대량으로 주식시장에 진입하면서 생겨난 용어입니다. 이 용어는 1894년에 일어난 동학농민운동에서 유래하였는데, 이는 농민들이 모여 강대한 외세에 맞섰던 역사적 사건을 주식시장에 비유한 것입니다. 즉, 개인 투자자들이 모여 외국인과 기관 투자자들에 맞서는 상황을 표현한 것입니다.

📈 등락비율

주식시장에서 주가가 상승한 종목과 하락한 종목의 비율을 가리키는 용어입니다. 이는 시장의 전반적인 흐름을 파악하는데 중요한 지표로 사용되며, 각 종목의 가격 변동만을 보는 것보다 시장의 넓은 범위를 이해하는 데 도움이 됩니다.

증권기사를 읽는데 용어를 모른다고

☑ 디노미네이션

주식의 액면가를 낮추는 것을 말합니다. 이는 주식의 가격이 너무 높아져서 일반 투자자들이 접근하기 어렵게 되는 경우, 더 많은 투자자들이 참여할 수 있도록 주식 가격을 낮추기 위해 사용되는 방법입니다. 디노미네이션은 주식의 가격만을 낮추는 것이지, 회사의 가치나 주식의 총 수가 변경되는 것은 아닙니다.

☑ 따상

주식의 공모가격보다 더 높은 가격으로 상장되는 경우를 말합니다. 이 용어는 "따다"라는 말이 '상장하다'라는 뜻과 '맞추다'라는 뜻을 동시에 가지고 있으며, "상"은 '상승'을 의미하므로, 상장 첫날 주가가 공모가를 웃돌았다는 뜻입니다.

☑ 떡락

주식의 주가가 급락하여 최악의 경우 하한가에 이르거나 그에 준하는 폭락을 의미하는 말로 쓰이며 코인 시세가 큰 폭으로 하락시 이를 빗대어 떡락이라고 표현합니다.

☑ 떡상

주가가 급등하여 최고에 이르는 상한가나 그에 준하는 폭등의 의미로 사용되며 코인 시장에서도 마찬가지로 시세가 큰 폭으로 상승시 이를 빗대어 떡상이라고 표현합니다.

벤저민 그레이엄의 투자철학

우선 시장에서 살아남고 그 다음에 돈을 벌어라.
위기 상황이 와도 흔들리지 말고 인내하라.

벤저민 그레이엄은 '가치 투자'의 아버지로 불리며, 그의 투자 철학은 많은 투자가들에게 영향을 미쳤습니다. 그의 투자 철학은 다음과 같습니다.

1. **안전 마진 원칙** : 투자의 기본 원칙으로 '안전 마진'을 제시했습니다. 이는 투자자가 주식을 구매할 때 시장 가격이 그의 계산에 의한 공정 가치보다 충분히 낮아야 한다는 원칙입니다. 이를 통해 투자 위험을 최소화하는 것이 가능합니다.
2. **가치 투자** : 가치 투자를 강조했습니다. 그는 재무제표를 분석하여 기업의 실제 가치를 산정하고, 그 가치에 비해 저평가된 주식을 찾아내는 것이 중요하다고 주장했습니다.
3. **다양화** : 투자 포트폴리오의 다양화를 중요하게 생각했습니다. 그는 모든 계란을 한 바구니에 담지 말라는 말처럼, 투자 위험을 분산시키기 위해 다양한 종류의 주식에 투자하는 것을 권장했습니다.
4. **장기적인 관점** : 투자를 장기적인 관점에서 바라보는 것을 강조했습니다. 그는 단기적인 시장 변동에 흔들리지 않고, 장기적인 가치를 바탕으로 투자 결정을 내리는 것이 중요하다고 말했습니다.
5. 감정의 통제 : 투자 결정을 내릴 때 감정을 통제하는 것이 중요하다고 강조했습니다.

이렇게 그레이엄의 투자 철학은 안전 마진 원칙, 가치 투자, 다양화, 장기적인 관점, 감정의 통제 등을 중심으로 이루어져 있습니다. 그의 철학은 많은 투자가들에게 큰 영향을 미쳤으며, '가치 투자'의 기본 원칙을 정립한 것으로 알려져 있습니다.

랩 어카운트

투자자와 자산 관리사$^{Asset\ Manager}$ 간에 체결한 계약에 따라 자산 관리사가 투자자의 자산을 관리하는 투자 방식을 말합니다. 랩 어카운트는 주로 투자자의 투자 목표, 위험 허용도 등을 고려하여 개별적인 투자 전략을 수립하고 실행합니다. 최근 우리나라에서도 이러한 서비스를 제공하는 자산 관리 회사들이 점차 늘어나고 있습니다. 예를 들어, 몇몇 은행들은 개인의 재무 상황과 투자 목표 등을 고려하여 맞춤형 투자 상품을 추천하는 랩 어카운트 서비스를 제공하고 있습니다.

레드칩

중국 본토에 기업 본사를 두고 있는데, 홍콩이나 다른 해외 거래소에 상장된 기업을 가리킵니다. 이 용어는 중국 본토 기업이지만, 중국 본토 주식 시장이 아닌 해외에서 주식을 발행하고 거래되는 회사들을 의미합니다. 우리나라의 투자자들이 중국 시장에 투자할 수 있는 한 가지 방법이 바로 이 레드칩에 투자하는 것입니다.

레버리지

원래의 자본보다 더 큰 규모의 투자를 가능하게 하는 도구나 방법을 의미합니다. 다시 말해, 투자자가 가지고 있는 실제 자본보다 더 큰 규모의 거래를 할 수 있게 해주는 것이죠. 이를 통해 투자 수익률을 높일 수 있지만, 반대로 손실 또한 커질 수 있습니다. 우리나라의 주식시장에서도 레버리지를 활용한 투자가 가능합니다. 예를 들어, 투자자는 마진 거래를 통해 레버리지를 활용할 수 있습니다. 마진 거래란 투자자가 자신의 자본을 담보로 대출을 받아, 그 대출금으로 주식을 매입하는 것을 말합니다. 이렇게 하면 투자자는 자신의 자본보다 더 큰 규모의 주식을 매입할 수 있게 됩니다.

로드쇼

주로 기업이 자금을 조달하기 위해 주식이나 채권 등을 발행할 때, 투자자에게 자신의 기업을 알리고 설득하기 위해 여러 도시를 돌며 투자설명회를 개최하는 것을 말합니다. 이는 투자자들에게 자사의 전략, 사업 계획, 재무 상황 등을 소개하고, 투자의 필요성과 효과를 설득하는 중요한 과정입니다.

로보 어드바이저

로봇robot과 투자전문가advisor의 합성어입니다. 일반적으로 로보 어드바이저는 사용자의 재정 상태, 투자 목표, 위험 허용도 등을 고려하여 투자 전략을 제시하고, 이를 바탕으로 자동으로 투자를 관리해주는 서비스를 말합니다.

롤오버

금융기관이 상환 만기가 돌아온 부채의 상환을 연장해주는 조치를 말합니다. 예를 들어, 국내에서 흔히 이용하는 예금 상품인 정기예금을 생각해보세요.

증권기사를 읽는데 용어를 모른다고

정기예금의 경우, 계약 기간이 정해져 있고 그 기간이 끝나면 원금과 이자를 돌려받게 됩니다. 이 때, 만기가 도래했는데도 투자자가 그 돈을 별도로 사용할 계획이 없다면, 그대로 다시 정기예금을 가입하게 될 것입니다. 이런 경우를 롤오버라고 합니다. 즉, 만기가 된 상품을 새롭게 재투자하는 것을 말합니다.

📈 롱숏 펀드

주식을 매수하는 '롱Long' 전략과 매도하는 '숏Short' 전략을 동시에 사용하는 펀드를 말합니다. 롱숏 펀드는 주식 시장의 상승장과 하락장 모두에서 수익을 추구할 수 있는 투자 전략입니다. 예를 들어, 주식시장이 호황일 때에는 '롱' 전략을 이용해 주식을 매수하고, 시장이 악화될 것으로 예상되면 '숏' 전략을 통해 주식을 미리 매도하여 손실을 줄이는 방법입니다.

📈 리 커플링

디커플링 현상에서 벗어나 다른 나라의 경제 상황과 다시 커플링되는 현상으로 '재동조화' 현상이라고도 합니다.

📈 리스크

불확실성 아래에서 예상치 못한 손실이 발생할 가능성을 의미합니다.
예를 들어, 우리나라의 대표적인 기업인 삼성전자의 주식을 구매하려고 할 때, 여러 가지 리스크를 고려해야 합니다.
첫째, 시장 리스크를 봐야 합니다. 만약 글로벌 반도체 시장이 침체하면 삼성전자의 주가는 하락할 가능성이 높습니다. 이는 시장 전체의 움직임에 따라 발생하는 리스크이며, 이를 시장 리스크라고 합니다.

둘째, 기업의 내부적인 요인도 리스크를 발생시킵니다. 삼성전자의 경우 회사의 경영 상황, 신제품 출시 성공 여부, 경영진의 변동 등 내부적인 사항이 주가에 영향을 미칠 수 있습니다. 이런 것을 특정 회사에 국한된 리스크는 회사 리스크라고 합니다.

마지막으로, 외부적인 요인도 고려해야 합니다. 예를 들어, 정부의 규제 강화, 환율 변동, 국제적인 정치 상황 등이 주가에 영향을 미칠 수 있습니다. 이러한 외부 요인에 의한 리스크를 외부 리스크라고 합니다.

📈 리스트럭처링

기업의 경영 환경 변화, 성장 전략 등을 반영하여 조직 구조, 사업 영역, 자산 구조 등을 재편하는 것을 말합니다. 기업이 새로운 성장 동력을 찾거나, 경영난을 극복하기 위해 진행하는 중요한 전략입니다. 하지만 이 과정에서는 직원 감축, 사업 매각 등으로 인한 사회적 비용도 고려해야 합니다.

📈 리츠

부동산 투자 신탁을 의미하며, 개인 투자자들이 큰 자본금 없이도 부동산 투자에 참여할 수 있도록 하는 금융 상품입니다.

일반적으로 부동산 투자는 큰 자본을 필요로 하지만, 리츠를 통해 개인 투자자들도 비교적 적은 금액으로 부동산 투자에 참여할 수 있습니다. 리츠는 여러 투자자들의 자금을 모아 실제 부동산을 구매하거나 부동산 관련 채권에 투자하고, 그로부터 발생하는 수익을 투자자들에게 분배합니다.

증권기사를 읽는데 용어를 모른다고

2 장

주린이를 위한 재테크용어 ㅁ ~ ㅎ

데이비드 드레먼은 가치 투자를 주장하는 유명한 투자가로, 그의 투자 철학은 주로 저평가된 주식에 투자하는 것에 중점을 두고 있습니다. 그의 투자 철학은 다음과 같습니다.

1. **저평가된 주식에 투자** : 투자가치가 있는데도 불구하고 시장에서 과소평가된 주식을 찾아 투자하는 것을 선호합니다. 그는 이런 주식들이 결국에는 자신들의 진정한 가치를 반영할 것이라고 믿습니다.
2. **재무적 안정성** : 투자 기업의 재무적 안정성을 중요하게 여깁니다. 기업의 재무제표를 분석하여 부채 비율, 현금 흐름 등을 철저히 검토하며, 재무적으로 건전한 기업에 투자하는 것을 선호합니다.
3. **투자자의 감정 통제** : 투자 결정을 내릴 때 감정이 개입되지 않도록 강조합니다. 그는 투자자들이 시장의 변동성에 휘둘리지 않고, 객관적인 데이터와 분석에 기반해 투자 결정을 내리는 것이 중요하다고 주장했습니다.
4. **다양화** : 포트폴리오의 다양화를 중요하게 생각했습니다. 다양한 업종과 기업에 걸쳐 투자를 분산시킴으로써, 특정 기업이나 업종에 대한 투자 리스크를 줄이는 것을 권장했습니다.
5. **기업의 가치와 가격의 차이 인식** : 투자자가 기업의 실제 가치와 시장에서의 가격 사이의 차이를 인식하는 것이 중요하다고 강조했습니다.

이러한 드레먼의 투자 철학은 그의 저서인 "데이비드 드레먼의 역발상 투자(Contrarian Investment Strategies: The Psychological Edge by David Dreman)"에서 더욱 자세하게 살펴볼 수 있습니다.

☑ 마일스톤 징크스

투자 시장에서 특정 주가 지수가 이전에 도달하지 못했던 새로운 기록을 세우려고 할 때, 그 기록에 근접하면서도 결국 그 기록을 넘기지 못하고 주가가 하락하는 현상을 말합니다. 예를 들어, 2020년 우리나라의 코스피지수가 3,000점을 돌파하려다가 여러 차례 실패한 사례가 이에 해당합니다. 이 때, 코스피지수가 3,000점에 근접하면서 투자자들의 심리적 부담감이 커져 매도 압력이 높아지고, 이로 인해 주가가 하락하는 현상이 발생하였습니다. 이처럼 마일스톤 징크스는 투자자들의 심리적 요인과 시장의 기술적 분석을 통해 이해할 수 있는 현상입니다.

☑ 매기

매수, 기운의 줄임말입니다. 매기가 좋다고 하면 '매수' 기운이 좋다는 말입니다. 주식 체결창에서 매도자보다 매수자가 많을 때 쓰이는 용어입니다.

☑ 매매

주식 거래를 의미합니다.

☑ 매매거래정지

주식시장에서 해당 주식의 거래를 일시적으로 중단시키는 것을 말합니다. 이는 주로 회사의 중요한 사항이 공시되기 전에 시장의 혼란을 방지하거나, 주가의 비정상적인 변동을 막기 위해 시행됩니다. 매매거래정지가 시행되면, 해당 기간 동안은 그 주식의 매수나 매도가 모두 중단되며, 이는 주식 시장의 투명성과 공정성을 유지하기 위한 중요한 장치입니다.

✎ 매매기법

주식시장에서 주식을 언제, 어떻게 매수하고 매도할지에 대한 전략을 의미합니다. 이는 시장의 상황, 주식의 가격 변동, 기업의 재무 상황 등 다양한 요인을 고려하여 결정됩니다.

1. 시초매매 : 장 시작하기 전인 9시 이전에 매수 주문을 걸어둡니다. 9시에 시작하는 가격이 시초가로 형성됩니다. 시초가에 매수를 하여 차익을 노리는 매매기법입니다.

2. 종가매매 : 당일 종가에 매수하여 3거래일 이내에 매도하여 차익을 보는 매매기법입니다.

3. 단타매매 : 단기간 내에 주가의 소폭 상승을 예측하여 매수하고, 그 주가가 조금이라도 상승하면 바로 팔아버리는 매매 방식을 의미합니다.

4. 중기매매 : 보통 스윙 트레이딩을 말합니다. 주식을 몇 주 또는 몇 달 동안 보유하면서 중기적인 수익을 추구하는 방식입니다.

5. 장기매매 : 장기적인 투자 관점에서 주식을 매수하고, 몇 년 후의 큰 수익을 기대하는 매매 방식입니다.

이처럼 매매기법은 투자자의 목표, 투자 기간, 위험 수용도 등에 따라 달라집니다. 따라서 투자자는 자신의 상황과 목표에 맞는 매매기법을 선택하여 주식 투자를 진행하는 것이 중요합니다.

⚟ 매매주체

매매주체란 주식 거래에서 매수 또는 매도를 진행하는 개인이나 기관을 의미합니다. 이는 주식 시장에서 거래를 이끄는 주요한 행위자들을 가리키는 표현입니다.

1. 개인투자자 : 일반인들이 주식 시장에 직접 참여하여 매수 또는 매도를 진행하는 경우를 말합니다.

2. 기관투자자 : 투자회사, 펀드, 보험회사, 은행 등의 금융기관이 주식 거래를 하는 경우를 말합니다.

3. 외국인투자자 : 해외에서 우리나라 주식시장에 투자하는 개인이나 기관을 말합니다.

투자자별 매매 동향

코스피
1일(1분)

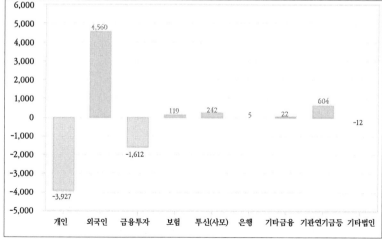

<출처 : 네이버페이 증권>

85

일자별 순매수

(단위 : 억원)

날짜	개인	외국인	기관계	기관						기타법인
				금융투자	보험	투신(사모)	은행	기타금융기관	연기금등	
23.11.16	-3,927	-4,560	-620	-1,612	119	242	5	22	604	-12
23.11.15	-16,154	5,495	10,916	10,962	384	44	28	-23	-479	-257
23.11.14	-5,439	-938	6,269	5,684	5	177	44	4	355	107
23.11.13	-234	131	-74	162	-1	-659	23	28	373	177
23.11.12	271	497	-1,038	-741	73	384	-5	2	-752	270

<출처 : 네이버페이 증권>

☑ 매물

주식시장에서 매도하려는 주식을 의미합니다. 즉, 주식시장에서 판매되기를 기다리는 주식을 '매물'이라고 합니다. 주식시장의 흐름에 큰 영향을 미칩니다. 매물이 많다는 것은 많은 투자자들이 해당 주식을 팔고자 한다는 뜻이므로, 주식의 가격이 하락할 가능성이 높아집니다. 반대로 매물이 적다는 것은 해당 주식을 팔고자 하는 투자자들이 적다는 것이므로, 주식의 가격이 상승할 가능성이 높아집니다.

☑ 매미

펀드매니저 출신의 개인투자자를 말합니다.

☑ 매수와 매도

매수는 주식을 사는 것이고, 매도는 주식을 파는 것입니다.

☑ 매집선

주식을 매수하는 투자자들이 많이 집결되는 가격선을 의미합니다. 이 매

증권기사를 읽는데 용어를 모른다고

집선은 매수자들이 해당 주식의 가격이 더 이상 내려가지 않을 것이라는 신뢰를 가지고 매수 주문을 내는 지점을 나타냅니다. 저점 매집선과 추세 매집선이 있습니다.

- 저점 매집선 : 저점을 잘 이탈하지 않고 잘 지켜주는 지지 구간
- 추세 매집선 : 추세선이 되기 직전의 지지 구간

📈 매칭펀드

투자자의 자금과 기관이나 정부의 자금을 함께 모아 투자하는 방식을 의미합니다. 이는 일반적으로 투자자의 투자 위험을 분산시키고, 투자 활성화를 도모하기 위한 방법으로 사용됩니다. 경영학에서는 '공동자금출자'라는 의미로 쓰이고, 금융에서는 '혼합기금'이라는 의미로 쓰입니다.

📈 먹튀

특정 주식을 사들인 후 그 가치를 인위적으로 끌어올린 다음, 높아진 가격에 팔아버려 다른 투자자들에게 손해를 끼치는 행위를 의미합니다.

예를 들어, 특정 투자자 그룹이 작은 시가총액의 주식을 대량으로 사들인다고 가정해봅시다. 이렇게 주식을 사들임으로써 주식 가격이 상승하게 되고, 이에 다른 투자자들이 이 주식에 투자를 하게 됩니다. 그러나 이 투자자 그룹이 주식을 대량으로 팔아버리면, 주식의 가격은 급격히 하락하게 됩니다. 이런 경우, 후속 투자자들은 큰 손해를 보게 되는데, 이런 행위가 바로 '먹튀'입니다.

📈 멘징

투자 손실을 복구했다는 뜻으로, A종목으로 손해를 보고 B종목으로 메

꾸는 것을 의미합니다.

☑ 멸치

외국계 증권사 메릴린치를 말하는 용어입니다. 발음이 비슷하여 붙인 이름으로, 메릴린치 증권사가 주식을 매입하면 초단타를 치는 경우가 많아 개인들이 피해를 보는 경우가 많습니다. "멸치가 떴다"라는 말이 나오면 메릴리치 창구에서 주문이 들어오는 경우를 말합니다.

☑ 명의개서

주주명부에 주주의 성명과 주소를 기재하는 것을 말합니다. 주식이나 금융상품의 소유권이 변경될 때 필요한 절차로, 그 과정은 주로 금융회사나 증권회사를 통해 이루어집니다.

☑ 모멘텀

특정 주식이나 시장 전체의 추세를 의미합니다. 이는 주식의 가격이 일정한 방향으로 움직이는 속도와 그 강도를 나타내며, 이를 통해 투자자들이 미래의 주식 가격 움직임을 예측하려고 시도합니다.

☑ 모바일트레이딩시스템

스마트폰이나 태블릿 등의 모바일 기기를 이용해 주식, 외환, 선물 등의 금융상품을 거래할 수 있는 시스템을 말합니다. 이 시스템을 통해 투자자들은 언제 어디서나 실시간으로 금융시장의 동향을 파악하고, 거래를 실행할 수 있습니다. 투자자들에게 시간과 장소의 제약 없이 투자 기회를 제

공하며, 빠르게 변하는 금융시장의 동향을 실
시간으로 파악하고 즉시 행동을 취할 수 있는
유연성을 제공합니다. 이는 특히 최근의 코로
나19 상황에서 '비대면 거래'의 중요성이 부각
되면서 더욱 두드러지게 되었습니다.

다만, 이런 편리성에도 불구하고 모바일 트레이딩 시스템을 이용할 때에
는 개인정보 보호와 보안에 대한 주의가 필요합니다.

📈 모자펀드

여러 개의 개별펀드, 즉 자(子)펀드를 통해 자금을 모아 1개 이상의 모(母)
펀드에 투자하는 펀드 오브 펀드(펀드에 투자하는 펀드)를 말합니다.

📈 모찌

증권사 임직원의 계좌를 말합니다.

📈 목표주가 괴리율

현재 주가와 증권사 등에서 제시한 목표 주가 간의 차이를 백분율로 나
타낸 것을 말합니다. 즉, 이는 투자자들이 어느 정도의 수익률을 기대할
수 있는지를 나타내는 지표로 볼 수 있습니다. 예를 들어, 삼성전자의 현
재 주가가 50,000원이고, 한 증권사에서 제시한 삼성전자의 목표 주가가
60,000원일 경우, 목표주가 괴리율은 다음과 같이 계산됩니다.

(목표 주가 – 현재 주가) / 현재 주가 * 100
= (60,000원 – 50,000원) / 50,000원 * 100 = 20%

이 경우, 목표주가 괴리율은 20%입니다. 즉, 이 증권사는 삼성전자 주식에 투자하면 약 20%의 수익률을 기대할 수 있다고 보는 것입니다.

그러나 이 목표주가 괴리율은 단순히 참고용으로만 사용해야 합니다. 왜냐하면 목표 주가는 증권사의 분석가들이 회사의 재무 상황, 시장 환경 등 여러 가지 요소를 고려하여 예측한 것이므로, 실제 주가와는 차이가 있을 수 있기 때문입니다.

무배주

주식 배당을 하지 않는 주식을 의미합니다. 기업은 이익을 낼 경우 그 이익의 일부를 주주들에게 배당금으로 돌려주는데, 이 때 배당을 하지 않는 주식을 '무배주'라고 합니다. 예를 들어, 스타트업 기업 'A'는 현재 성장 단계에 있어, 이익을 다시 사업에 투자하여 더 큰 성장을 이루려고 합니다. 이런 경우, 'A' 기업은 주주들에게 배당금을 주지 않을 수 있습니다. 이럴 때 'A' 기업의 주식은 '무배주'라고 불립니다.

무상주

주주에게 주식대금 납입의무 없이 무상으로 발행하여 나누어주는 주식을 말합니다.

무의결권주

주주총회에서 의결권이 없는 주식을 말합니다. 주주의 권리 중 하나인 의결권은 회사의 중요한 사안에 대해 의사 결정하는 데 참여하는 권리입니다. 그러나 '무의결권주'는 이런 의결권이 없습니다. 예를 들어, 대기업 'A'

증권기사를 읽는데 용어를 모른다고

사는 자사의 경영권을 유지하고자 무의결권주를 발행할 수 있습니다. 이 경우, 'A'사의 무의결권주를 소유한 주주는 주주총회에서 의사결정에 참여할 수 없지만, 배당 등 다른 주주의 권리는 보장받습니다.

무의결권주는 경영자의 경영권 보호, 사업 재편에 따른 주주의 이익 보호 등 다양한 목적으로 사용될 수 있습니다.

무자원CD

예금이 없는 상태에서 미리 발행되는 CD(양도성예금증서)를 말합니다. '공 (쏠)CD'라고도 합니다.

무차입공매도

주식을 빌리지 않고도 공매도를 할 수 있는 방식을 말합니다. 공매도란 주식을 보유하고 있지 않지만, 주가 하락을 예상하여 먼저 팔아놓고(매도), 주가가 실제로 하락하면 그 때 주식을 사서(매수) 원래의 소유주에게 돌려주는 거래 방식입니다. 예를 들어, 김씨는 특정 회사의 주가가 내일 하락할 것이라 예상합니다. 그래서 김씨는 오늘 그 회사의 주식을 빌리지 않고도 먼저 팔아놓습니다. 이것이 무차입공매도입니다. 내일 실제로 주가가 하락하면, 주식을 싸게 사서 팔았던 주식을 다시 돌려줍니다. 이렇게 하면 주가 하락으로 인한 차익을 얻을 수 있습니다.

무포

무포는 '포지션이 없다'는 뜻으로, 주식을 가지고 있지 않고 100% 현금인 상태를 말합니다.

☑ 물기둥

지수나 주가가 지속적으로 하락하여 캔들차트에서 대부분이 음봉일 때 파랗게 표시되는 모습이 물기둥을 닮았다 하여 붙여진 말입니다. 하락장이나 폭락장에서 주로 만날 수 있습니다.

☑ 물량소화

특정 구간의 물량이 지속적으로 매매되는 과정을 의미합니다. 다른 말로 물량흡수라고도 하는데 흔히 매집으로 의심될 때 사용하는 용어입니다.

☑ 물량압박

매도할 주식의 수량이 많아져서 주가에 부담을 주는 상황을 의미합니다. 많은 양의 주식이 한꺼번에 매도되면 주가는 하락하게 됩니다.

☑ 물렸다

종목 매수 이후 주가가 많이 떨어져 매도하지 못하고 투자금이 묶여있는 상태를 말합니다.

☑ 물장

하락중인 종목이 대부분인 하락장을 말합니다.

☑ 물타기

주가가 하락하고 있을 때, 평균 매입가를 낮추기 위해 추가로 주식을 매입하는 행위를 의미합니다. 이런 방식으로 손실을 줄이거나, 주가가 다시 상승했을 때 이익을 더 얻을 수 있습니다. 예를 들어, 'A' 기업의 주식을

증권기사를 읽는데 용어를 모른다고

10,000원에 매입했다고 가정해봅시다. 그런데 시간이 지나서 'A' 기업의 주가가 9,000원으로 떨어졌다면, 손실을 보게 됩니다.

이때 주가가 더 이상 떨어지지 않을 것으로 판단하여 추가로 'A' 기업의 주식을 9,000원에 매입한다면, 이것이 '물타기'입니다. 이렇게 하면 평균 매입가는 9,500원으로 낮아지게 됩니다. 그래서 주가가 다시 10,000원으로 올라가면, 손실을 보지 않게 됩니다. 하지만 '물타기'는 위험한 전략일 수 있습니다. 왜냐하면 주가가 계속 떨어질 수 있기 때문입니다.

📈 뮤추얼펀드

여러 투자자들의 돈을 모아서 주식, 채권 등 다양한 금융상품에 투자하는 투자 기구를 의미합니다. 이 펀드는 전문 투자 관리인이 운용하며, 각 투자자는 펀드에 투자한 금액에 비례하는 지분을 갖게 됩니다. 장점은 전문가가 투자를 관리해주므로 투자자 개인이 시장을 지속적으로 모니터링하거나 복잡한 분석을 할 필요가 없다는 점입니다. 또한, 투자자의 자금이 다양한 금융상품에 분산 투자되므로 리스크를 분산시킬 수 있습니다.

📈 미러펀드

외국계 운용사들이 역외 펀드의 투자 전략을 그대로 복사하여 운용하는 펀드를 의미합니다. 원본 펀드의 투자 성과를 그대로 반영하려는 목적으로 만들어지며, 원본 펀드의 투자 성과를 그대로 따라가기 때문에 '미러(거울)' 펀드라고 불립니다. 예를 들어, 특정 외국 펀드가 높은 수익률을 기록하고 있다면, 이 펀드에 투자하고 싶어하는 국내 투자자들이 많을 수 있습니다. 하지만 외국 펀드에 직접 투자하는 것은 투자자에게 다양한 어려움을 가져올 수 있습니다. 이럴 때 국내의 자산운용사가 해당 외국 펀드의 투자 전략을 그대로 복제하여 운용하는 미러 펀드를 만들면, 국내 투자자들은 이 미러 펀드를 통해 간접적으로 원본 펀드의 성과를 누릴 수 있게 됩니다.

☑ 미수금

주식 거래에서 매수자가 주식을 구매하였지만 아직 그 대금을 지불하지 않은 금액을 의미합니다. 즉, 주식을 '미수'로 두고 있다는 것은 주식을 구매했지만 해당 주식의 대금을 아직 지불하지 않았다는 것입니다.

☑ 미수동결계좌

투자자가 주식을 매수하였지만, 결제일까지 주식 매수 대금을 입금하지 않아 거래소에서 매수한 주식을 매도할 수 없게 동결시킨 계좌를 의미합니다. 국내 주식시장에서는 'T+2'라는 결제제도가 적용되고 있습니다. 이는 주식 매수 후 2영업일 이내에 매수대금을 결제해야 한다는 것을 의미합니다.

증권기사를 읽는데 용어를 모른다고

존 템플턴의 투자철학

**최적의 매수 타이밍은 시장에 피가 낭자할 때다.
설령 그것이 당신의 피일지라도 말이다.**

존 템플턴은 세계적으로 유명한 가치 투자가로, 그의 투자 철학은 다음과 같습니다.

1. **대조적 투자** : 대중의 의견과 반대로 행동하는 대조적 투자 전략을 선호했습니다. 그는 시장의 과도한 낙관이나 비관으로 인해 과대평가 혹은 과소평가된 주식을 찾아내어 투자하는 것을 추구했습니다.
2. **글로벌 투자** : 국경을 넘나드는 투자를 강조했습니다. 그는 투자 기회가 전 세계 어디에나 있을 수 있다고 믿었으며, 이를 통해 다양한 국가와 업종에 걸쳐 자신의 투자를 분산시켰습니다.
3. **장기적인 관점** : 투자를 장기적인 관점에서 바라보는 것을 강조했습니다. 그는 단기적인 시장 변동에 흔들리지 않고, 장기적인 가치를 바탕으로 투자 결정을 내리는 것이 중요하다고 말했습니다.
4. **윤리적 투자** : 윤리적인 기업에 투자하는 것을 중요하게 생각했습니다. 그는 윤리적인 기업이 장기적으로 더 좋은 성과를 낼 것이라고 믿었습니다.
5. **철저한 연구** : 주식을 구매하기 전에 철저한 연구를 강조했습니다. 그는 회사의 재무제표, 경영진, 경쟁 환경 등 다양한 요소를 분석하여 투자 결정을 내렸습니다.

존 템플턴의 투자 철학은 대조적 투자, 글로벌 투자, 장기적인 관점, 윤리적 투자, 철저한 연구를 중심으로 이루어져 있습니다. 이러한 철학은 그가 성공적인 투자 경력을 쌓는 데 크게 기여했습니다.

☑ 바겐세일

주식이나 다른 투자 상품이 과도하게 하락하여 그 가치에 비해 싸게 팔리는 상황을 의미합니다. 이 용어는 '차고 넘치는 할인'이라는 뜻의 영어 단어 'Bargain Sale'에서 유래되었습니다. 예를 들어, 특정 기업의 주식이 그 기업의 실질적 가치에 비해 낮은 가격으로 거래되고 있다면, 이는 '바겐세일' 상황이라고 할 수 있습니다. 이런 경우, 투자자들은 저렴한 가격으로 주식을 매수하여 높은 수익을 기대할 수 있습니다.

☑ 바꿔타기

한 종목의 주식에서 다른 종목의 주식으로 빠르게 투자 대상을 바꾸는 행위를 의미합니다. 이 전략은 주로 주가의 상승세나 하락세가 뚜렷이 예상되는 시장 상황에서 사용됩니다. 예를 들어 투자자가 'A' 회사의 주식에 투자하고 있지만, 'B' 회사의 주식이 더 빠르게 상승할 것으로 예상된다면, 이 투자자는 'A' 회사의 주식을 매도하고 그 자금으로 'B' 회사의 주식을 매수할 수 있습니다. 이렇게 투자 대상을 빠르게 바꾸는 행위를 '바꿔타기'라고 합니다.

☑ 바닥

주식 가격이 계속 하락한 뒤, 더 이상 내려가지 않고 반등할 준비를 하는 시점을 의미합니다. 저점 중의 저점을 바닥으로 봅니다. 주가가 바닥을 찍었다는 것은 그 이후로 주가가 상승세로 전환될 가능성이 높다는 신호로 받아들여집니다.

📈 바이아웃펀드

특정 기업의 지배권을 인수하기 위해 투자자들로부터 자금을 모아 운영하는 투자 기금을 의미합니다. 이 펀드는 M&A(인수합병)를 통해 기업의 경영권을 획득하고, 기업을 재구조화하여 그 가치를 높인 후에 다시 팔아 이익을 내는 방식으로 운영됩니다. 예를 들어 특정 바이아웃 펀드가 경영난에 허덕이는 우리나라의 중견 제조업체를 대상으로 인수를 계획한다고 가정해봅시다. 이 펀드는 투자자들로부터 자금을 모아 이 제조업체의 주식의 과반수를 인수하고, 경영권을 획득합니다. 그 다음, 경영 효율성을 높이고 사업 구조를 개편하는 등의 방법으로 기업의 가치를 높입니다. 이렇게 가치가 높아진 기업을 더 높은 가격에 팔아 이익을 추구합니다.

📈 박스권

주가가 일정한 범위 내에서 오르락 내리락하며 움직이는 상황을 의미합니다. 이는 주가의 상승세나 하락세가 뚜렷하지 않고, 시장 참여자들 사이에 의견이 분분한 상황을 나타냅니다. 일정한 틀 안에 주가가 갇혀 있는 상태가 상자^{box}같다 하여 붙여진 이름입니다. 예를 들어 A 회사의 주가가 최근 몇 달 동안 5천원에서 6천원 사이를 오르락 내리락하며 움직였다면, 이는 '박스권' 상황이라고 볼 수 있습니다. 이런 상황에서는 투자자들이 A 회사의 주가가 상승할 것인지, 하락할 것인지에 대해 명확한 의견을 갖지 못하고 있음을 의미합니다.

증권기사를 읽는데 용어를 모른다고

☑ 반기보고서

사업연도가 1년인 상장법인이나 코스닥 등록법인이 그 사업연도 개시일부터 6개월째 되는 날에 가결산을 하여 재무상태와 6개월 동안의 경영성과를 요약한 서류입니다.

☑ 반대매매

만기까지 대출금을 갚지 못하거나 담보가치가 일정 비율 이하로 떨어지면 증권사가 주식을 강제로 처분하는 것을 의미합니다. 주식 반대매매는 보통 오전 8시 30분에 시장가로 체결됩니다. 반대매매를 막기 위해서는 미수금인 증거금을 장 시작 전에 입금하여야 합니다.

☑ 반토막

주가가 급격히 하락하여 기존 가격의 절반 정도로 떨어진 상태를 의미하는 속어입니다. 이 용어는 주로 주식 시장에서 큰 손실을 입은 상황을 표현할 때 사용됩니다. 이런 경우에는 과감하게 팔고 다른 종목을 사는 경우와 회사가 이벤트가 많거나 장기 성장 가능성이 높다면 물타기도 고려해 볼 만 합니다.

☑ 발행가격

주식을 발행할 때 그 주식의 가격을 의미합니다. 이 가격은 주로 회사의 재무 상태, 시장 상황, 투자자들의 수요 등을 고려하여 결정됩니다. 예를 들어 우리나라의 스타트업 A 회사가 자금 조달을 위해 새로 주식을 발행하려고 한다고 가정해봅시다. 이때 A 회사는 자신의 재무 상태, 시장의 경제 상황, 투자자들의 투자 의향 등을 고려하여 새로 발행하는 주식의 가격을 결정합니다. 이렇게 결정된 가격이 바로 '발행가격'입니다.

투자자들에게 '발행가격'은 매우 중요한 정보입니다. '발행가격'이 현재 시장 가격보다 낮다면, 투자자들은 이를 좋은 투자 기회로 볼 수 있습니다. 반면, '발행가격'이 현재 시장 가격보다 높다면, 투자자들은 주식을 매수하는 것에 주저할 수 있습니다.

📈 발행시장

기업이 자금을 조달하기 위해 새로이 주식이나 채권 등을 발행하는 금융시장을 의미합니다. 발행시장은 주식발행시장과 채권발행시작으로 나눌 수 있습니다.

📈 밤의 샛별(음선)

종가가 시가보다 떨어지는 경우를 뜻합니다. 가격상승 국면에서의 전환으로 대체로 상투 시가를 나타내는 경우가 많습니다.

📈 배당기산일

각 주식에 대하여 배당금이 계산되는 최초의 일자를 말합니다.

📈 배당락

배당기준일이 지나 배당금을 받을 권리가 없어지는 것을 말한다.

📈 배당성향

당기순이익 중 현금으로 지급된 배당금 총액의 비율입니다. 배당금을 당

증권기사를 읽는데 용어를 모른다고

기순이익으로 나누어 구합니다.

📈 배당

기업이 자신의 이익 중 일부를 주식을 소유하고 있는 주주들에게 돌려주는 것을 의미합니다. 이 배당은 현금 배당이나 주식 배당 등의 형태로 이루어질 수 있습니다.

배당금 상위종목

종목명	현재가	배당금	배당수익률
고려아연	486,500	20,000	4.11%
한국쉘석유	239,000	18,000	7.53%
효성첨단소재	375,000	15,000	4.00%
삼성화재우	184,900	13,805	7.47%
삼성화재	245,500	13,800	5.62%

<출처 : 네이버페이 증권>

배당수익률 상위종목

종목명	현재가	배당금	배당수익률
한국ANKOR유전	380	1,870	492.11%
락앤락	5,830	1,953	33.50%
한국패러랠	1,480	390	26.35%
모두투어리츠	5,980	1,572	26.29%
일성신약	20,350	4,000	19.66%

<출처 : 네이버페이 증권>

📈 배당주펀드

배당수익을 주는 기업의 주식을 주로 포함한 투자펀드를 의미합니다. 12월 말 기준으로 배당을 준다는 점 때문에 결산기가 임박한 시점에 주가 수준이 낮고 배당률이 높을 것으로 예상되는 주식을 매수하거나, 배당시점을 앞두고 주가가 오르는 주식을 매수하여 시세 차익을 노리는 경우가 많습니다.

📈 백기사

경제적인 어려움에 처한 기업을 구제하기 위해 등장하는 대기업이나 투자자를 의미합니다. 이들은 자본 주입, 인수, 합병M&A 등의 방식으로 기업을 구제하며, 이 과정에서 기업의 경영권을 획득하기도 합니다. 예를 들어 우리나라의 중소기업 G가 경영난에 처해 있고, 이를 구제하기 위해 대기업 H가 G 회사를 인수한다고 가정해 봅시다. 이 경우, H 회사는 G 회사의 '백기사'가 됩니다.

📈 밸류에이션

애널리스트가 현재 기업의 가치를 판단해 적정 주가를 산정해 내는 기업가치평가작업을 말합니다. 밸류에이션에 사용되는 대표적인 지표에는 PER(주가수익비율)이나 EV/EBITDA 등이 있습니다.

📈 버블과 과열

버블은 특정 자산의 가격이 그 자산의 실제 가치를 크게 초과하여 팽창한 상태를 의미합니다. 이는 투자자들의 과도한 기대나 무리한 투자로 인해 발생하며, 버블이 터지면 급격한 가격 하락을 초래합니다.

과열은 시장이나 경제가 너무 빠르게 성장하여 안정적인 상태를 유지하기 어려운 상태를 의미합니다. 이는 과도한 투자나 과도한 소비로 인해 발생하며, 과열 상태가 지속되면 경제가 불안정해질 수 있습니다.

증권기사를 읽는데 용어를 모른다고

☑ 베어마켓

주식시장에서 주가가 전반적으로 하락하는 시
장 상태를 의미합니다. 곰처럼 매우 느린 '거래
가 부진한 약세 시장'을 의미합니다. 보통 주가
가 20% 이상 떨어진 상황을 베어마켓이라고 부
르며, 이는 투자자들의 투자심리가 부정적이고,
경제적으로 불확실성이 높아진 상황을 반영합니다.

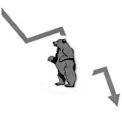

☑ 베이시스

선물가격과 현물가격간의 차이를 의미합니다. 이 차이는 보통 보유 비용,
이자 비용, 수요와 공급 등 다양한 요인에 의해 발생합니다. 예를 들어 국
내 특정 석유 회사 K의 석유 현물 가격이 1백만 원이고, 이와 동일한 품질
의 석유 선물이 1백만 2천 원이라고 가정해봅시다. 이 경우, 선물 가격과
현물 가격 간의 차이인 2천 원이 '베이시스'가 됩니다.

☑ 벤처캐피털

초기 단계의 기업이나 사업에 투자하는 투자자나 투자 회사를 의미합니
다. 이들은 투자 대상 기업의 성장 가능성을 높이 평가하며, 대신에 높은
수익률을 기대합니다. 하지만 벤처캐피털은 투자 위험이 높은 투자 형태
로 알려져 있습니다.

☑ 보내주다

매수를 하려고 마음을 먹었거나 매도 이후 주가가 크게 올랐을 때, 매수

하지 못했거나 매도한 것에 대한 아쉬움을 토로할 때 쓰이는 표현입니다.

📈 보조지표

주식시장에서 주가의 움직임을 예측하거나 분석하기 위해 사용되는 다양한 지표들을 말합니다. 이러한 보조지표들은 종종 기술적 분석에 활용되며, 트레이더들이 주식의 매수 또는 매도 시점을 결정하는 데 도움을 줍니다.

1. 이동평균선 : 이는 최근 일정 기간 동안의 주가를 평균내어 그래프로 표현한 것입니다. 이동평균선은 주가의 추세를 파악하는 데 도움이 되며, 주가가 이동평균선을 상향 또는 하향 돌파할 때 매수 또는 매도 신호로 해석되곤 합니다.

2. 상대강도지수 : RSI는 주식의 과매수 또는 과매도 상황을 판단하는 데 사용되는 지표입니다. RSI 값이 70 이상이면 과매수로, 30 이하면 과매도로 판단하여 주식의 매매 시점을 결정하는 데 활용됩니다.

3. MACD : MACD는 장기 이동평균선과 단기 이동평균선의 차이를 통해 주식의 매매 신호를 제공하는 지표입니다. MACD 선이 시그널 선을 상향 돌파하면 매수 신호, 하향 돌파하면 매도 신호로 해석되곤 합니다.

이처럼 보조지표는 주식 시장의 동향을 이해하고, 투자 결정을 내리는 데 중요한 도구가 될 수 있습니다.

증권기사를 읽는데 용어를 모른다고

☑ 보통가

지정가와 같은 말로 '주식 주문시 내가 매수가 및 매도가를 정해서 주문하겠다'는 방식입니다.

☑ 보통거래

증권거래소에서 매매 계약이 체결된 날로부터 3일째에 현금과 현물로써 수도(受渡) 결제를 하는 일반적인 거래 방법입니다.

☑ 보통주

주식시장에서 가장 일반적으로 거래되는 주식의 형태를 말합니다. 보통주는 주주로서의 투표권과 배당권, 잔여재산에 대한 권리 등을 가지고 있습니다.

☑ 보합

주식시장에서 시세의 변동이 없거나 변동 폭이 극히 미미한 상태를 말합니다. 시세나 금리 등이 상승한 채로 하락하지 않고 보합인 상태를 '강보합'이라고 하며 하락한 채 상승하지 않고 보합인 상태를 '약보합'이라고 합니다.

☑ 보호예수

은행 등이 거래처의 귀중품·유가증권 등을 요금을 받고 보관하는 행위를 말합니다.

☑ 본드런

투자자들이 일시에 본드(채권)를 판다는 뜻을 가진 용어. 금융위기와 관련되며 채권을 발행한 국가나 기업이 부실해져 망할 가능성이 크다는 공포가 커진 투자자들이 자신이 구매한 채권을 앞다퉈 팔게 되면서 발생됩니다. 갑작스러운 대규모 예금 인출 사태를 뜻하는 '뱅크런Bank Run', 펀드의 대규모 환매를 의미하는 '펀드런Fund Run'을 본뜬 말입니다.

☑ 본절치기

처음에 매수한 평단가 근처에서 매도하는 것을 의미합니다. 수익이나 손실이 미비하거나 없는 경우에 사용되는 용어입니다.

☑ 볼린저밴드

주식의 가격 변동성을 측정하는 기술적 분석 도구 중 하나입니다. 이는 주가의 중심선(이동 평균선)과 이를 기준으로 한 상단 밴드와 하단 밴드로 구성되어 있습니다. 미국의 재무분석가 존 볼린저가 1980년대에 개발한 기술적 분석도구이며, 2011년 상표권을 취득하여 정식으로 인정받았습니다. A의 주가를 분석한다고 가정해봅시다. 볼린저밴드를 이용하면, A의 주가가 일정 기간 동안의 평균 가격을 중심으로 어느 정도의 범위에서 움직이고 있는지, 그리고 주가가 과도하게 높아졌는지 낮아졌는지를 파악할 수 있습니다.

볼린저 밴드에서 주가가 상단 밴드 근처에 위치할 경우, 주가가 과열되었다고 판단할 수 있으며 매도시점을 고려할 수 있습니다. 반대로 주가가 하단 밴드 근처에 위치한다면 주가가 과도하게 낮아졌다고 판단하여 매수시

증권기사를 읽는데 용어를 모른다고

점을 고려할 수 있습니다.

- 중심선 : 20일 이동평균을 많이 사용
- 상단밴드(상한선) : 중심선 + (표준편차 x 배수)
- 하단밴드(하한선) : 중심선 – (표준편차 x 배수)

📈 봉

캔들을 의미하며, 봉차트에서 확인할 수 있습니다. 표시 방식은 일봉, 주봉, 월봉, 년봉, 분봉으로 나누어집니다.

☑ 부자시세

주가의 인기가 고가권에서 일어남으로써 자금력이 적은 소액 투자자들은 선뜻 나서기 어려운 시세를 말합니다.

☑ 분산투자

투자자가 투자 위험을 줄이기 위해 자산을 다양한 종류의 투자 상품에 나누어 투자하는 전략을 말합니다. 이를 통해 특정 투자 상품에 대한 위험을 분산시켜, 투자의 안정성을 높일 수 있습니다. 예를 들어, 투자자 A씨가 1억 원을 투자할 계획이 있다고 가정해봅시다. 이때 A씨가 모든 돈을 한 종목의 주식에 투자하게 되면 해당 종목의 주가가 하락하면 큰 손실을 입을 수 있습니다. 그래서 A씨는 분산투자 전략을 사용하여 1억 원을 다양한 종목의 주식, 채권, 부동산, 그리고 해외 주식 등에 나누어 투자하게 됩니다. 이렇게 되면 특정 투자 상품의 가격이 하락해도 다른 투자 상품에서 이익을 얻을 수 있어 전체적인 손실을 줄일 수 있습니다.

📈 불기둥

주가가 지속적으로 상승하며 대부분이 양봉이고 붉게 표시되는 모습이 불기둥을 닮은 데서 유래되었습니다. 전체적으로 주가가 크게 오르는 대 상승장에서 자주 쓰입니다.

📈 불 마켓

주식시장에서 장기간에 걸친 강세장을 뜻하는 말입니다. 마치 황소^{bull}가 뿔로 주가를 들어 올리 는 것과 같다고 하여 이름 지어졌습니다. 상승을 원하는 매수자가 많다는 의미도 있습니다. 이와 반대되는 개념으로 주가가 하락하는 약세장을 가리켜 베어 마켓^{Bear Market}이라고 합니다.

📈 불완전 판매

은행 따위의 금융 기관이 금융 상품에 관한 기본 내용이나 투자 위험성 따위에 대해 제대로 안내하지 않고 고객에게 금융 상품을 판매하는 일을 말합니다.

📈 불장

불장은 '불기둥 시장'의 줄임말입니다. 상승중인 종 목이 대부분인 상승장을 의미합니다.

증권기사를 읽는데 용어를 모른다고

☑ 불타기

주가가 급등하는 상황을 의미하는 말입니다. 투자자들 사이에서는 '불'이라는 단어가 상승을, '타다'라는 단어가 빠르게 상승하는 것을 상징하기 때문에 이런 용어가 사용됩니다. 해당기업의 주가가 계속 상승하고 있을 때 그 기업의 주식을 더 매수하는 투자방법입니다. 계속 상승할거라는 기대감에 주식의 수를 더욱 많이 가져감으로써 수익을 크게 내기 위한 방법입니다.

☑ 브릭스펀드

브라질, 러시아, 인도, 중국 등 브릭스^{BRICS} 국가들의 주식이나 채권 등에 투자하는 펀드를 말합니다. 이 네 개의 국가는 넓은 영토와 많은 인구 수, 풍부한 자원 등을 요인으로 경제대국으로써 성장할 가능성이 높은 국가들로, 그들의 경제 성장과 함께 투자 수익률이 높아질 가능성이 있기 때문에 많은 투자자들이 관심을 가지고 있습니다.

☑ 블라인드펀드

투자 대상을 정하지 않은 상태에서 일단 투자펀드를 조성한 이후 투자 대상을 모색, 투자하는 방식의 펀드입니다.

☑ 블랙먼데이

1987년 10월 19일 미국 주식시장에서 발생한 대규모 주가 급락 사건을 가리키는 용어입니다. 이날 미국의 주요 주식 지수인 다우존스 산업평균지수가 거의 23%나 하락하였습니다. 이런 사건은 전 세계 주식시장에 패닉을 일으키며, 우리나라 주식시장에도 큰 영향을 미쳤습니다.

📈 블랙프라이데이

주식시장이 폭락한 날을 뜻합니다. 가장 널리 알려진 '블랙프라이데이'는 1869년 9월 24일 금요일 미국에서 금값이 급락한 날을 가리킵니다. 한편, '블랙프라이데이'는 또한 미국의 큰 할인 행사인 '검은 금요일'을 의미하기도 합니다. 이는 매년 11월 넷째 주 금요일에 진행되며, 이 날을 시작으로 크리스마스 쇼핑 시즌이 시작됩니다.

📈 블록세일

가격과 물량을 미리 정해놓고 특정주체에게 일정지분을 묶어 일괄 매각하는 방법을 말합니다. 대량의 지분을 매각할 경우 가격부담과 물량부담에 따른 불확실성이 커지기 때문에 정규매매 거래시간 이전 또는 이후의 시간외 거래나 장외거래로 이루어집니다. 블록세일은 매수자가 주식을 사는 거래방식입니다.

📈 블록딜

기관과 기관 사이에 이루어지는 대량 매매를 말합니다. 거래소 시장 시작 전후에 대량의 주식을 보유한 매도자와 이를 매수할 수 있는 매수자 간에 거래를 체결시키는 제도입니다. 블록딜은 매도자가 주식을 파는 거래방식입니다.

☑ 블루칩

안정적인 수익률과 신뢰성을 가진 대형 기업의 주식을 일컫는 말입니다. 이 용어는 카지노에서 포커게임에 돈 대신 쓰이는 흰색, 빨간색, 파란색 세 종류의 칩 가운데 가장 가치가 높은 것이 블루칩인 것에서 유래된 표현입니다. 삼성전자, SK하이닉스, 현대자동차 등과 같은 대형 기업들의 주식은 '블루칩'에 해당합니다. 이런 기업들은 안정적인 매출과 이익을 보여주며, 글로벌 시장에서 경쟁력을 유지하고 있습니다. 따라서 이들 기업의 주식은 주가 변동성이 비교적 낮고, 장기적으로 안정적인 수익을 기대할 수 있습니다.

☑ 비중

투자자의 포트폴리오 내에서 한 종목이 차지하는 비율을 의미합니다. 이는 투자자가 자신의 자산을 어떻게 분산시켰는지를 나타내는 중요한 지표입니다. 예를 들어, 투자자 A씨가 자신의 총 투자 자산 100만원 중에서 삼성전자 주식에 50만원, LG화학 주식에 30만원, 나머지 20만원을 현금으로 보유하고 있다고 가정해봅시다. 이 경우, A씨의 포트폴리오에서 삼성전자 주식의 '비중'은 50%, LG화학 주식의 '비중'은 30%, 현금의 '비중'은 20%가 됩니다.

투자자는 주식의 '비중'을 조절함으로써 자신의 포트폴리오의 위험도를 조절할 수 있습니다. 예를 들어, 불확실성이 높은 시장 상황에서는 위험 자산의 '비중'을 낮추고, 안정적인 자산의 '비중'을 높여서 전체 포트폴리오의 위험을 줄일 수 있습니다.

📈 빅맥지수

영국의 경제지인 '이코노미스트'가 개발한 환율 평가 방법으로, 세계 각국의 물가 수준을 비교하는 데 사용됩니다. 이 지수는 맥도날드의 빅맥버거 가격을 기준으로 삼아, 각국의 구매력 평가를 나타냅니다.

📈 빅뱅

금융 시장에서 큰 변화나 혁신을 의미하는 말로, 특히 영국의 금융 자유화 정책을 가리키는 데 주로 사용됩니다. 하지만 일반적으로 '빅뱅'은 금융 시장의 구조적, 규제적 변화를 의미하며, 이는 금융 시장의 투명성을 높이고, 효율성을 증가시키는 결과를 가져옵니다.

📈 빚투

빚투는 '빚'을 내어 '투자'한다는 의미의 합성어로, 대출이나 신용을 이용해 주식이나 부동산 등에 투자하는 행위를 가리킵니다.

찰리 멍거의 투자철학

모든 투자 방법은 장단점이 있다. 당신이 좋아하는 투자 방법을 선택하고, 그것을 지속적으로 발전시켜 나가라.

찰리 멍거는 워런 버핏의 비즈니스 파트너로 잘 알려져 있으며, 버크셔 해서웨이의 부회장을 맡고 있습니다. 그의 투자 철학은 다음과 같습니다.

1. **가치 투자** : 워런 버핏과 함께 가치 투자의 주요 지지자로 알려져 있습니다. 그는 장기적인 가치보다 시장 가격이 낮은 기업에 투자하는 것을 선호합니다.
2. **다자주의적 접근법** : 다양한 학문 분야에서 아이디어를 차용하여 투자 결정을 내리는 다자주의적 접근법을 선호합니다. 그는 이를 통해 복잡한 문제를 해결하는 데 도움이 된다고 믿습니다.
3. **장기적인 관점** : 장기적인 가치에 초점을 맞추는 것을 강조합니다. 그는 단기적인 시장 변동에 흔들리지 않고, 장기적으로 안정적인 수익을 제공할 수 있는 기업에 투자하는 것을 선호합니다.
4. **철저한 연구** : 각 투자 결정을 내리기 전에 철저한 연구를 강조합니다. 그는 기업의 재무제표, 경영진, 경쟁 환경 등을 분석하여 투자 가치를 평가합니다.
5. **인내심** : 투자에서 인내심이 중요하다고 강조합니다. 그는 좋은 투자 기회가 나타날 때까지 기다릴 수 있는 능력이 투자 성공의 핵심이라고 믿습니다.

이렇게 찰리 멍거의 투자 철학은 가치 투자, 다자주의적 접근법, 장기적인 관점, 철저한 연구, 인내심을 중심으로 이루어져 있습니다. 그의 투자 철학은 워런 버핏과 함께 버크셔 해서웨이를 성공적으로 운영하는 데 크게 기여했습니다.

─────────────────── 人 ───────────────────

📈 사모펀드

소수의 투자자로부터 모음 자금을 주식·채권 등에 운용하는 펀드입니다. 반적으로 공모펀드보다 높은 위험과 높은 수익률을 가질 수 있으며, 투자 전략도 다양합니다. 국내 사모펀드는 2004년 12월 간접투자자산운용업법이 개정되고 사모투자제도가 도입되면서 본격적으로 시작되었습니다.

📈 사이드카

주가지수선물을 대상으로 전일 종가 대비 선물시장 가격이 5% 이상 변동해 1분 이상 지속될 때 5분 동안 선물시장 전체의 거래가 중단되는 제도입니다. 코스닥은 6% 이상 상승 또는 하락이 1분 이상 지속될 때 발동하며 5분간 정지됩니다. 사이드카는 모터사이클나 자전거 등의 이륜차의 옆에 장착하는 차량을 말하며, 이 제도가 주식시장을 보조할 수 있는 장치이기 때문에 사이드카라는 명칭을 사용하게 되었다고 합니다.

📈 상따

상한가 따라잡기라는 매매 기법을 말합니다. 당일 상한가를 간 종목을 매수해 익일 시가에 매도하거나 장중고가 또는 연상을 갈 경우 1~2일 보유해 매도하는 기법입니다.

📈 산타랠리

크리스마스를 전후한 연말과 연초에 주가가 상승하는 현상을 가리키는 용어입니다. 이 용어는 '산타클로스Santa Claus'와 '랠리rally, 주가의 급등'의 합성

어로, 주로 12월에 발생하는 주식시장
의 상승 트렌드를 의미합니다. 예를 들
어, 연말에는 투자자들이 새해에 대한
기대감이나 희망으로 투자 활동을 활
발히 하기도 하고, 연말 보너스 등을 통
해 투자 자금이 늘어나는 경우가 있습
니다. 또한, 기업들이 새해를 맞이하여
신제품 출시나 신사업 진출 등 긍정적

인 소식을 발표하는 경우도 있어, 이런 요소들이 주가 상승을 뒷받침하기
도 합니다.

☑ 상장폐지

증권시장에 상장된 증권이 매매대상 유가증권으로서의 적격성을 상실하
여 상장 자격이 취소되는 행위를 말합니다. 상장폐지가 결정되면, 해당 기
업의 주식은 증권 거래소에서 거래되지 않게 되며, 주주들은 주식을 매매
할 수 없게 됩니다.

☑ 상투

주식변동폭이 상하로 심하게 나타날 때 가장 고가권의 주가수준을 상투
라고 합니다. 상투때 주식을 산 경우 '상투 잡았다'고 합니다.

☑ 상장

기업이 자사의 주식을 공개적으로 거래할 수 있도록 증권 거래소에 등록

　　　　　　　　증권기사를 읽는데 용어를 모른다고

하는 것을 의미합니다. 이 과정을 통해 일반 투자자들이 해당 기업의 주식을 사거나 팔 수 있게 되며, 기업은 자금을 조달하거나 브랜드 인지도를 높이는 등 다양한 이점을 얻을 수 있습니다.

신규상장종목

코스피

N	등록일	종목명	현재가	전일비	등락률	거래량	시가	고가	저가
1	2023.11.17	에코프로머티	57,200	▲21,000	+58.01%	39,849,355	43,000	65,800	42,950
2	2023.11.15	미래에셋 홍콩H선물ETN	9,860	▼245	-2.42%	2	9,900	9,900	9,860
3	2023.11.15	미래에셋 2X홍콩H선물ETN	19,000	▼895	-4.50%	6,475	19,240	19,365	18,820
4	2023.11.15	미래에셋 -2X홍콩H선물ETN(H)	20,395	▲625	+3.16%	15	20,315	20,450	20,235
5	2023.11.14	BNK 24-11 회사채(AA-이상액티브	50,150	▲25	+0.05%	1	50,150	50,150	50,150

<출처 : 네이버페이 증권>

☑ 상장지수펀드

주식처럼 거래가 가능하고, 특정 주가지수의 움직임에 따라 수익률이 결정되는 펀드입니다. 우리나라에서도 상장지수펀드는 투자자들에게 다양한 투자 기회를 제공하고 있습니다. 예를 들어, KODEX 200 ETF는 국내의 대표적인 주식시장 지수인 KOSPI 200 지수를 추적하는 상장지수펀드입니다. 이 펀드를 통해 투자자들은 한 번에 KOSPI 200에 속한 200개 기업에 투자하는 것과 동일한 효과를 얻을 수 있습니다. 또한, 글로벌 주식시장에 투자하고 싶은 투자자들을 위해 S&P 500 지수나 NASDAQ 100 지수를 추적하는 상장지수펀드도 있습니다. 이런 상장지수펀드를 통해 투자자들은 국내에서 해외 주식시장에 쉽게 접근할 수 있습니다.

상장지수펀드

종목명	현재가	전일대비	등락률	거래량
TIGER CD금리투자KIS(합성)	53,345	▲ 10	+0.02%	119,242주
KODEX 200	33,300	▼ 170	-0.51%	3,637,168주
KODEX KOFR금리액티브(합성)	104,910	▲ 15	+0.01%	29,997주
KODEX CD금리액티브(합성)	1,017,800	▲ 125	+0.01%	206,943주
TIGER KOFR금리액티브(합성)	103,460	▲ 30	+0.03%	7,262주

<출처 : 네이버페이 증권>

📈 상품선물

특정 상품의 가격 변동에 따라 수익을 얻을 수 있는 파생상품을 의미합니다. 이는 미래의 특정 시점에 특정 상품을 사거나 팔 수 있는 권리를 거래하는 것으로, 주로 금, 은, 유류, 농산물 등의 상품에 대한 선물계약이 이루어집니다. 1848년 4월 미국 시카고상품거래소의 설립(곡물선물거래)으로 개시되었습니다.

📈 상호주

두 개 이상의 회사가 서로 상대방회사 혹은 순환적으로 출자하고 있는 경우에 서로 소유하는 상대방의 주식을 말합니다. 서로의 이익을 보호하거나 경영권을 확보하는 행위를 의미합니다. 이런 상호주 보유는 주로 경영권 방어, 신용 향상, 사업 제휴 등의 목적으로 이루어집니다.

📈 상한가

주식시장에서 주가가 하루 동안 오를 수 있는 최대치를 의미합니다. 국내의 주식시장에서는 주가의 일일 변동폭을 ±30%로 제한하고 있는데, 이

증권기사를 읽는데 용어를 모른다고

중에서 +30%에 해당하는 가격이 바로 '상한가'입니다.

상한가								

코스닥

N	연속	누적	종목명	현재가	전일비	등락률	시가	고가	저가
1	1	2	툴젠	61,800	↑ 14,200	+29.83%	54,500	61,800	53,800
2	1	1	마크로젠	22,450	↑ 5,150	+29.77%	17,440	22,450	17,290
3	1	1	에스폴리텍	2,475	↑ 569	+29.85%	1,983	2,475	1,983

<출처 : 네이버페이 증권>

상환주식

발행 당시부터 일정기간 후, 회사가 이익으로써 소각하기로 예정되어 있는 주식을 말합니다.

생명선

차트의 보조지표에서 20일선을 '생명선'이라고 부릅니다. 또한 지지선 아래에 위치한 저점 지지선을 '생명선'이라고 부르기도 합니다.

서킷 브레이커

주식시장에서 주가가 급락할 때, 시장의 과열을 방지하기 위해 일시적으로 거래를 중단하는 시스템을 의미합니다. 이 시스템은 투자자들의 패닉을 가라앉히고, 재정렬의 시간을 제공하며, 시장의 안정을 유지하는 역할을 합니다.

📈 서학개미

국내주식을 사 모으는 '동학개미'에 빗대어 미국 등 해외 주식에 직접 투자하는 개인투자자를 일컫는 말입니다. 순매수 기준으로 다르기는 하지만 서학개미가 가장 좋아하는 종목은 '테슬라'입니다.

📈 선도주

주식시장을 이끄는 주식을 말합니다. 이는 주로 해당 산업 분야에서 주도적인 역할을 하는 기업, 또는 특정 이슈에 대한 기대감이 큰 기업의 주식을 가리키며, 이들 주식의 움직임은 종종 시장 전체의 흐름을 예측하는데 사용됩니다. 우리나라에서는 IT, 반도체, 바이오 등의 분야에서 선도적인 역할을 하는 대기업들의 주식이 종종 '선도주'로 분류됩니다. 예를 들어 삼성전자와 SK하이닉스는 반도체 산업의 선도주로, 셀트리온은 바이오산업의 선도주로 분류될 수 있습니다.

📈 선물

미래의 특정 시점에 특정한 상품을 사거나 팔기로 약속하는 계약을 의미합니다. 이 계약에는 거래의 대상이 되는 상품, 그 상품의 거래량 및 가격, 그리고 거래의 시점 등이 명시되어 있습니다.

📈 선물환

장래의 일정기일 또는 일정기간 내에 일정액의 외국환을 일정한 환시세로 매매할 것을 미리 약속한 외국환을 말합니다.

증권기사를 읽는데 용어를 모른다고

☑ 선취매

먼저 취하고 산다는 의미입니다. 어떤 호재 등의 요인에 의하여 주가가 상승하리라고 예상하는 경우, 그 주식을 남보다 앞질러 매입하는 것을 뜻합니다.

☑ 설거지

작전세력이 주가를 목표하는 가격까지 만들어서 수익을 실현했을 때, 나머지 물량을 털어내기 위해 개미를 꼬시고 걸려든 개미들에게 높은 가격으로 잔여 물량을 파는 행위를 말합니다.

☑ 섬머랠리

여름을 뜻하는 서머(summer)와 경주를 뜻하는 랠리(rally)의 합성어로, 여름철에 가격이 상승하는 현상을 의미합니다. 통상적으로 여름은 투자 활동이 줄고 시장이 둔화되는 시기로 알려져 있지만, 섬머랠리는 이러한 통상적인 패턴을 벗어나 여름에 주가가 상승하는 현상을 가리킵니다.

☑ 성장주

기업의 매출이나 이익 등이 지속적으로 성장하는 주식을 의미합니다. 이런 종류의 주식은 투자자들에게 높은 수익률을 제공할 수 있지만, 기업의 성장이 예상치 못한 방향으로 변할 경우에는 손실을 입을 위험도 있습니다. 대표적인 성장주의 종류에는 전기차, 수소차, 인공지능, 반도체, 우주항공 등이 있습니다.

☑ 성투

성공투자를 말합니다. 보통 '성투하세요'라는 건 '성공투자하세요'의 줄임
말입니다.

☑ 세력

주식시장에서 세력은 대량의 자본력을 활용해 특정 기업의 주가 흐름 전
반을 조종하는 조직입니다. 주가 흐름을 조종하여 가격을 띄운 후 고가에
매도하여 시세 차익을 거두는 목적을 가지고 있습니다.

☑ 세력선

차트의 보조지표에서 240일선을 세력선이라고 부르는데, 저점 매집 구간
으로 보시면 됩니다.

☑ 섹터

경제 활동을 유사한 특성을 가진 그룹으로 분류한 것을 말합니다. 주식시
장에서는 특정 섹터를 이루는 기업들의 주가 동향을 살펴보며 투자 기회
를 찾습니다.

국내 주식시장에서는 'IT 섹터', '자동차 섹터', '화학 섹터', '건설 섹터', '금융
섹터' 등과 같이 다양한 섹터가 존재합니다. 각 섹터는 그 안에 속한 기업
들의 주가 동향을 통해 섹터 전체의 경제 상황을 파악할 수 있습니다. 예
를 들어, 코로나19 팬데믹 이후 '바이오 섹터'는 빠르게 성장하였습니다.
바이러스에 대한 백신 개발이 활발히 이루어지면서 관련 기업들의 주가
가 크게 상승하였습니다. 이와 같이 섹터의 특성과 상황을 이해하고 분석

증권기사를 읽는데 용어를 모른다고

하면 투자 기회를 찾을 수 있습니다.

☑ 소수점 주식거래

주식의 거래 단위를 소수점 이하로 나누어 거래하는 것을 의미합니다. 이는 주가가 높은 주식에 대한 접근성을 높이기 위해 도입된 방식입니다.

하지만 주가가 매우 높은 주식, 예를 들어 삼성전자와 같은 주식의 경우, 투자를 원하는 개인 투자자들에게 부담이 될 수 있습니다. 이런 이유로 일부 나라에서는 소수점 주식거래를 도입하여 개인 투자자들이 주가가 높은 주식에도 접근할 수 있도록 하고 있습니다. 예를 들어, 미국의 주식 거래 플랫폼인 '로빈후드'는 소수점 주식거래를 가능하게 하여, 아마존이나 구글과 같은 고가의 주식도 소액으로 거래할 수 있게 해줍니다.

☑ 소액주주

기업의 주식을 소량만 보유하고 있는 주주를 의미합니다. 이들은 대부분 개인 투자자들이며, 기업에 대한 의결권이나 영향력은 상대적으로 적습니다.

☑ 손절

주식이나 다른 투자상품의 가격이 떨어질 때 일정 수준 이하로 손실이 커지는 것을 막기 위해 보유하고 있는 주식 등을 팔아버리는 것을 의미합니다. 이는 투자자가 더 큰 손실을 방지하기 위한 방법입니다.

☑ 숏커버링

주식을 공매도한 후 주가가 반대로 상승할 경우, 더 큰 손실을 피하기 위해 주식을 다시 사들여 공매도 포지션을 청산하는 행위를 말합니다.

국내 주식시장에서도 숏 커버링은 투자 전략 중 하나로 활용되고 있습니다. 공매도는 주가 하락을 예상하고 미리 주식을 빌린 뒤 팔아놓고, 주가가 실제로 하락하면 주식을 다시 사들여 차익을 실현하는 투자 방식입니다. 하지만 만약 주가가 상승한다면, 공매도한 주식을 다시 사들여야 하는데 이 때 발생하는 비용이 '숏 커버링' 비용입니다.

☑ 수급

주식시장에서 주식의 공급과 수요 상황을 가리키는 용어입니다. 주식의 수급 상황은 주식의 가격에 큰 영향을 미치며, 이는 투자자들의 투자 결정에 중요한 정보를 제공합니다. 주식시장에서 주식의 수급 상황은 다양한 요인에 의해 결정됩니다. 예를 들어, 기업의 실적 발표, 경제 지표, 정책 변화 등으로 인해 투자자들의 기대감이 증가하면 주식의 수요가 증가하게 됩니다. 이런 경우 주식의 가격은 상승하게 됩니다. 반면, 불확실성이 증가하거나 경제 상황이 악화되면 투자자들은 주식을 팔려고 하므로 주식의 공급이 증가하게 됩니다. 이런 경우 주식의 가격은 하락하게 됩니다.

☑ 순환매

일정한 주기를 갖고 특정 업종이나 특정분야로 투자가 집중되면서 전체 주가가 순환적으로 상승하는 양상을 말합니다. 한 종목이 상승세를 타면 해당 종목에서 이득을 본 투자자가 그와 유사하거나 연관성이 있는 다른

증권기사를 읽는데 용어를 모른다고

종목을 매수하는 '업종별 순환매' 방식이 대표적입니다.

숨고르기를 하고 있다

주식시장에서 주로 사용되는 비유적 표현입니다. 이는 주식의 가격이 큰 변동 없이 일정한 범위에서 움직이고 있는 상황, 즉 주가가 안정적인 상태를 유지하고 있는 상황을 의미합니다. 이런 상황은 보통 큰 변동을 줄 요인이 나타나기 전의 고요한 상태를 묘사하기 위해 사용됩니다.

슈팅

주식시장에서 주가가 급격하게 변하는 경우를 말합니다. 언더슈팅(어떤 주식의 수요가 가격과 상관없이 과하게 줄어드는 것)과 오버슈팅(과하게 늘어나는 것)이 있습니다.

스왑

금융 시장에서 두 계약 당사자가 특정 자산이나 수익, 위험 등을 교환하는 계약을 의미합니다. 이는 주로 금리, 환율, 주가 등의 위험을 관리하거나 자금 조달 비용을 절감하기 위해 사용됩니다.

스탑로스

주식시장에서 손실을 최소화하기 위한 전략 중 하나로, 미리 설정한 가격에 도달하면 자동으로 주식을 팔도록 설정하는 것을 말합니다. 이는 주가가 급락하는 상황에서 더 큰 손실을 방지하기 위해 사용됩니다. 예를 들어, 대표적인 자동차 기업인 현대자동차의 주식을 보유하고 있는 투자자가 있다고 가정해봅시다. 이 투자자는 현대자동차의 주가가 현재 가격보다 10% 더 떨어지면 주식을 팔기로 결정했습니다. 이럴 때, 투자자는 '스탑로스' 주문을 설정하여 현대자동차의 주가가 10% 떨어지면 자동으로 주식을 팔도록 할 수 있습니다.

이렇게 하면 투자자는 주가가 더욱 급락하는 상황에서 더 큰 손실을 방지할 수 있습니다. 하지만 반대로 주가가 일시적으로 떨어진 후 다시 상승하는 상황에서는 '스탑로스' 주문 때문에 이익을 놓칠 수도 있습니다. 따라서 '스탑로스'는 투자자의 투자 전략과 위험 수준에 따라 적절히 활용해야 합니다.

📈 스캘핑

주식시장에서 매우 짧은 시간 동안 주식을 사고 팔아 소액의 이익을 취하는 투자 전략을 뜻합니다. 이는 주로 초단위, 분단위로 주가의 움직임을 예측하고 이를 활용해 수익을 내는 데이 트레이더들에게 많이 사용됩니다.

📋 스토캐스틱

주식시장에서 주가의 추세를 분석하는데 사용되는 기술적 지표 중 하나입니다. 이는 특정 기간 동안 주가의 변동 범위 내에서 현재 가격이 어느 위치에 있는지를 나타내어, 과매수 또는 과매도 상태를 판단하는 데 도움을 줍니다.

📈 스톡옵션

기업이 임직원에게 일정수량의 자기회사의 주식을 일정한 가격으로 매수할 수 있는 권리를 부여하는 제도입니다.

증권기사를 읽는데 용어를 모른다고

📈 소부장

소재·부품·장비를 줄여서 말하는 것으로, 관련주를 이야기할 때 사용합니다.

☑ 승차감

자동차 운전을 할 때의 편안함과 안정감을 느끼는 것처럼, 주식을 매수하고 있을 때 투자자가 어떤 주식을 보유하고 있느냐에 따라 그 편안함과 안정감을 느낄 수 있다는 것을 의미합니다. 예를 들어, 국내의 경제 상황을 고려해볼 때, 대표적인 대형주인 삼성전자나 SK하이닉스 같은 기업의 주식을 보유하고 있다면, 이들 기업이 안정적인 수익성과 향후 성장 가능성을 보여주고 있기 때문에 투자자들은 높은 "승차감"을 느낄 수 있습니다. 이런 기업들은 경제 상황이 좋지 않을 때에도 일정 수준 이상의 안정성을 유지해주기 때문에 투자자들로 하여금 안정감을 느끼게 해줍니다.

반면에, 최근에 핫이슈가 되었던 바이오나 첨단 기술 관련 중소형주를 보유하고 있다면, 이런 주식들은 시장의 변동성에 따라 가격이 크게 요동치는 경우가 많아 "승차감"이 떨어질 수 있습니다. 이런 주식들은 높은 수익률을 기대하면서도 그만큼 높은 위험성을 안고 있기 때문에, 투자자들은 강한 스트레스를 느낄 수 있습니다.

📈 시가총액

시가총액은 전 상장주식을 시가로 평가한 것으로 여기에는 개별종목의 시가총액을 말하는 경우와 주식시장 전체의 시가총액을 말하는 경우가 있습니다. 개별 종목의 시가총액을 산출하는 방식은 간단합니다.

(개별 상장종목의 주식수)×(개별 상장종목의 현재가)

주식시장 전체의 시가총액은 개별종목 시가총액을 모두 합하면 됩니다.

🖥 시간외거래

주식 거래가 일반적으로 이루어지는 정규 거래 시간이 아닌, 그 이외의 시간에 이루어지는 거래를 말합니다. 국내에서는 보통 주식 거래 시간이 오전 9시부터 오후 3시 30분까지인데, 이 시간 이외에 이루어지는 거래가 바로 시간외거래입니다.

장전 시간외거래	08:30 ~ 08:40
장후 시간외거래	15:40 ~ 16:00
시간외 단일가	16:00 ~ 18:00

🖥 시그널

주식 시장에서 특정 패턴이나 추세를 이해하는 데 도움을 주는 투자 신호를 말합니다. 이는 주식의 가격, 거래량, 기업의 재무상태 등 다양한 요소를 분석하여 도출됩니다. 투자자들이 주식 거래를 할 때 어떤 주식을 사거나 팔아야 하는지, 언제 그렇게 해야 하는지를 결정하는 데 도움을 주는 신호나 지표라고 볼 수 있습니다.

예를 들어, 국내의 대표 기업인 삼성전자의 경우, 새로운 스마트폰 출시 소식이나 분기별 실적 발표 등은 중요한 '시그널'이 될 수 있습니다. 새로운 제품 출시 소식은 그 기업의 성장 가능성을 보여주는 신호가 될 수 있으며,

증권기사를 읽는데 용어를 모른다고

분기별 실적 발표는 기업의 현재 경영 상황과 미래 전망을 보여주는 중요한 정보가 됩니다.

☑ 시드머니

Seed와 Money의 합성어로 직역하면 씨앗+돈, 투자에서는 "초기자금" 또는 "종잣돈"으로 표현됩니다. 주식 초보자분들은 100만원 정도 가지고 시작하시는 걸 추천 드립니다.

☑ 시세

주식이나 상품, 부동산 등의 현재 거래되는 가격을 의미합니다. 이는 시장에서의 수요와 공급 상황, 경제적 지표, 기업의 경영 상황 등 다양한 요인에 의해 결정됩니다.

☑ 시장가

말 그대로 현재 시장에서 거래되고 있는 가격을 의미합니다. 이 가격은 수요와 공급에 의해 결정되며, 이는 투자자들의 판단, 기업의 실적, 경제 상황 등 다양한 요소에 의해 결정됩니다. 예를 들어 '삼성전자' 주식을 생각해봅시다. 오늘 삼성전자 주식을 사려고 시장을 보니 1주당 가격이 7만원이라고 해봅시다. 이것이 바로 '시장가'입니다.

☑ 시장대리인

주로 증권회사에서 채용되어, 투자자의 주식 거래를 대신 진행하는 역할을 맡습니다. 그들은 투자자가 원하는 주식을 시장에서 사거나 팔아주는 것이 주된 업무입니다.

📈 시장동향

주식시장의 전반적인 흐름을 의미합니다. 이는 개별 주식의 가격 변동뿐만 아니라, 전체 시장의 상태, 경제적 요인, 금리, 물가, 실업률 등 매크로적인 요소를 포함합니다.

📈 시초가

시작가로 불리기도 하며, 주식거래 정규장이 시작하는 9시에 형성되는 주식 가격을 말합니다.

📈 시황

주식시장의 현재 상태나 흐름을 나타내는 용어입니다. 이는 주식의 가격, 거래량, 주요 이슈 등을 포함하여 시장 전반에 대한 분석을 의미합니다.

📈 신고가와 신저가

각각 주식의 최고 가격과 최저 가격을 의미합니다. 신고가는 주식이 한번도 도달하지 못했던 새로운 최고 가격을, 신저가는 주식이 한번도 떨어지지 않았던 새로운 최저 가격을 말합니다. 가령 '삼성전자' 주식을 생각해봅시다. 삼성전자 주식이 100,000원을 처음으로 돌파했다면, 이 가격이 바로 삼성전자 주식의 '신고가'가 됩니다. 반대로, 삼성전자 주식이 어떤 경제적 사건으로 인해 50,000원까지 떨어졌다면, 이 가격이 바로 삼성전자 주식의 '신저가'가 됩니다.

증권기사를 읽는데 용어를 모른다고

📈 신용거래

증권회사가 고객으로부터 일정한 보증금을 받은 다음 주식을 사려는 자금이나 팔려는 주식을 빌려주는 거래를 말합니다. 이때 자금이 아닌 주식을 빌려주는 것을 대주라고 합니다.

📈 신용잔고

신용거래에 있어 미결제로 남아 있는 주식수, 즉 신용거래를 한 투자자가 증권회사에 갚아야 할 기한부 부채를 말합니다. 가령 투자자 A가 '네이버' 주식을 매입하고 싶지만, 현재 가지고 있는 자금으로는 충분하지 않다고 가정해봅시다. 이때 A는 증권회사로부터 돈을 빌려 주식을 매입할 수 있습니다. A가 증권회사로부터 1억 원을 빌려 '네이버' 주식을 매입했다면, 이 1억 원이 바로 '신용잔고'가 됩니다.

📈 상환전환우선주

특정 조건이 충족될 경우, 회사가 우선주를 보통주로 전환하거나 현금으로 상환할 수 있는 권리를 가진 주식을 말합니다. 이는 기업이 자금을 조달하거나, 투자자들에게 추가적인 투자 기회를 제공하려는 목적으로 발행됩니다.

📈 쌍바닥

주식차트에서 보이는 패턴 중 하나로, 주식의 가격이 두 번에 걸쳐 같은 가격으로 떨어졌다가 다시 상승하는 모양을 의미합니다. 이는 마치 'W' 모양처럼 보이는데, 이 패턴이 나타나면 주식의 가격이 상승할 가능성이 있음을 나타내는 신호로 해석됩니다.

☑ 쓸어담기

'던지기'의 반대말입니다. 종목의 매수자가 늘어나 주가가 큰 폭으로 상승하고 있을 때 바닥에 있는 주식을 쓸어 담았다라고 표현하는 것입니다.

증권기사를 읽는데 용어를 모른다고

존 로스차일드의 투자철학

나는 다른 사람들이 공포에 빠져 있을 때 욕심을 내고, 다른 사람들이 욕심에 빠져 있을 때 공포를 느낀다.

존 로스차일드에 관한 특정한 투자 철학에 대한 정보는 제한적입니다. 로스차일드 가문은 금융 서비스와 투자 분야에서 오랫동안 큰 영향력을 발휘해 왔으나, 가문 내 각 개인의 투자 철학에 대한 구체적인 내용은 공개적으로 알려져 있지 않습니다. 로스차일드 가문의 일반적인 투자 전략은 다음과 같이 요약할 수 있습니다.

1. **다양한 투자** : 다양한 자산 클래스와 지역에 걸쳐 투자를 분산시키는 전략을 취했습니다.
2. **장기 투자** : 장기적인 성장을 추구하는 투자를 선호했습니다. 그들은 단기적인 시장 변동에 휘둘리지 않았습니다.
3. **관계 네트워크 활용** : 그들의 광범위한 사회적, 정치적 연결망을 활용하여 투자 기회를 찾아냈습니다.
4. **은밀성** : 그들의 투자 전략과 결정에 대해 일반적으로 비공개적인 태도를 보였습니다.

로스차일드 가문의 투자 철학은 조심스럽게 다양한 자산에 투자하고, 장기적인 성장을 추구하며, 그들의 네트워크를 활용하는 것이 특징입니다. 그러나 이는 가문 전체의 일반적인 접근 방식을 나타내며, 존 로스차일드 개인의 투자 철학에 대한 구체적인 내용은 알려져 있지 않습니다.

☑ 아래 꼬리(밑꼬리)

봉차트에서 캔들의 아래쪽으로 봉이 아닌 긴 선이 그려지는 경우 꼬리가 아래로 붙었다고 하여 아래꼬리 또는 밑꼬리라고 부릅니다.

☑ 애널리스트

금융 전문가를 의미하는 용어로, 특정 산업이나 회사를 대상으로 깊이 있는 연구를 통해 그 성장 가능성, 주가 등을 예측하고 투자자들에게 정보를 제공하는 역할을 합니다. 예를 들어 '현대차'를 전문으로 연구하는 애널리스트가 있다고 생각해봅시다. 이 애널리스트는 현대차의 재무 상황, 시장 경쟁력, 제품 파이프라인, 경영진의 전략 등을 분석하여 현대차의 주가가 상승할 것인지, 또는 하락할 것인지를 예측합니다. 그리고 이러한 분석 결과를 바탕으로 애널리스트는 투자자들에게 자신의 의견을 제공합니다. 이 의견은 '매수', '매도', '중립' 등으로 나타나며, 이는 투자자들이 자신의 투자 전략을 결정하는 데 중요한 참고 자료가 됩니다.

☑ 액면가

주식이나 채권에 표시되는 표면적인 가격을 말합니다. 액면가는 보통 아래의 6가지로 정합니다.

100원, 200원, 500원, 1,000원, 2,500원, 5,000원인데 보통 코스닥 기업은 액면가를 500원으로 택하고, 코스피 기업은 액면가를 5,000원으로 택하는 게 일반적입니다.

📈 액면분할

주식의 액면가를 낮추는 행위를 의미합니다. 이는 주식의 단가를 낮추어 더 많은 사람들이 주식을 사고 팔기 쉽게 만들기 위한 목적으로 이루어집니다. 액면분할은 기업의 주주총회에서 결정되며, 액면분할 후에는 주식의 수가 증가하지만, 기업의 자본금은 변동하지 않습니다.

📈 약수익 약손실

종목을 매도하고 수익이나 손실이 미비하거나 작은 경우에 쓰이는 말입니다.

📈 양봉과 음봉

양봉은 주식의 종가가 시가보다 높게 형성된 캔들스틱 차트를 의미합니다. 이는 주식의 가격이 상승했음을 나타내는 패턴으로, 투자자들에게는 긍정적인 신호로 해석되곤 합니다. 양봉은 투자자들이 주식의 가격이 상승함에 따라 매수세가 매도세를 넘어섰음을 의미합니다. 이는 시장에서 해당 주식에 대한 긍정적인 기대가 높아졌음을 나타내며, 이는 주가 상승의 신호로 해석될 수 있습니다.

음봉은 주식의 종가가 시가보다 낮게 형성된 캔들스틱 차트를 의미합니다. 이는 주식의 가격이 하락했음을 나타내는 패턴으로, 투자자들에게는 부정적인 신호로 받아들여집니다. 음봉은 투자자들이 주식의 가격이 하락함에 따라 매도세가 매수세를 넘어섰음을 의미합니다. 이는 시장에서 해당 주식에 대한 부정적인 기대가 높아졌음을 나타내며, 이는 주가 하락의 신호로 해석될 수 있습니다.

증권기사를 읽는데 용어를 모른다고

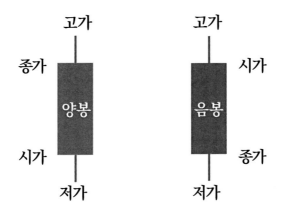

📈 어닝 서프라이즈

기업의 실적이 시장의 예상을 넘어선 경우를 가리키는 용어입니다. 다시 말해, 기업의 순이익이 시장에서 예상했던 수치보다 높게 나온 경우를 '어닝 서프라이즈'라고 합니다. 이는 주로 기업의 분기별 또는 연간 실적 발표 시에 사용되는 표현입니다. 어닝 서프라이즈가 발생하면 주로 해당 기업의 주가는 상승하는 경향을 보입니다. 왜냐하면 기업의 실적이 예상보다 좋다는 것은 그 기업의 경영 성과가 우수하다는 뜻이며, 이는 투자자들에게 긍정적인 신호로 해석되기 때문입니다.

📈 어닝쇼크

기업의 실적이 시장의 예상치와 크게 다를 때 사용하는 용어입니다. 보통은 기업의 실제 실적이 예상치보다 나쁜 경우를 가리키는데, 이 경우 투자자들에게 '쇼크'를 주기 때문에 이런 이름이 붙었습니다. 어닝쇼크가 발생하면 주로 해

당 기업의 주가는 하락하는 경향을 보입니다. 왜냐하면 기업의 실적이 예상보다 나쁘다는 것은 그 기업의 경영 성과가 예상보다 좋지 않다는 뜻이며, 이는 투자자들에게 부정적인 신호로 해석되기 때문입니다.

어닝시즌

미국 기업들의 실적이 집중적으로 발표되는 시기를 말하며, 최근에는 국내 증시에서도 기업들의 실적 발표 시기를 어닝시즌이라고 합니다.

엔벨로프

주식 차트 분석에서 사용되는 기술적 지표 중 하나입니다. 이는 이동평균선을 중심으로 일정 비율만큼 위아래로 병렬 이동시켜 만든 채널을 말합니다. 이 채널은 주식의 가격 변동 범위를 보여주며, 주식의 과매수나 과매도 상황을 판단하는 데 사용됩니다.

예수금

투자자가 자신의 증권 계좌에 입금해 둔, 아직 투자에 사용되지 않은 현금을 말합니다. 이 금액은 주식 매수, ETF(상장지수펀드) 매수 등 다양한 투자 활동에 사용될 수 있습니다.

오버나잇

일일 거래의 반대로 하루 이상 보유하는 주식 거래를 의미합니다. 이렇게 오버나잇 포지션을 가지고 있으면, 내일 시장이 열렸을 때 주식 가격이 상승하면 이익을 얻을 수 있지만, 반대로 주식 가격이 하락하면 손실을 입을 수 있습니다. 그러므로 투자자는 시장의 상황과 자신의 투자 전략에 따

증권기사를 읽는데 용어를 모른다고

라 오버나잇 포지션을 가질지 여부를 결정해야 합니다.

☑ 옵션

특정 기간 동안 특정 상품을 사거나 팔 수 있는 권리를 말합니다. 이 권리를 가진 사람은 그 권리를 행사할지, 아니면 행사하지 않을지를 선택할 수 있습니다. 옵션은 주로 불확실성이 높은 시장에서 위험을 관리하거나 투자 수익을 높이기 위해 사용됩니다.

☑ 옵션만기일

옵션 계약이 종료되는 날짜를 가리킵니다. 이 날이 되면 옵션을 가진 사람은 그 옵션을 행사하거나, 그냥 만기되게 둘 수 있습니다. 옵션 계약의 내용에 따라 만기일에 옵션을 행사하지 않으면, 그 옵션은 그냥 소멸되고 아무런 가치도 남지 않게 됩니다.

옵션만기일			
2023년 1월	1월 12일	2023년 7월	7월 13일
2023년 2월	2월 9일	2023년 8월	8월 10일
2023년 3월	3월 9일	2023년 9월	9월 14일
2023년 4월	4월 13일	2023년 10월	10월 12일
2023년 5월	5월 11일	2023년 11월	11월 9일
2023년 6월	6월 8일	2023년 12월	12월 14일

<출처 : 네이버>

☑ 왝더독

말 그대로 풀이하면 꼬리가 몸통을 흔든다는 말입니다. 주식시장에서는 흔히 선물시장(꼬리)이 현물시장(몸통)을 좌우할 때 '왝더독'이란 말을 씁니다.

☑ 우량주

재무상태가 양호하면서 기업 경영의 성과가 높고 우수하다고 판단되며 앞으로의 기술 개발이나 향후의 전망과 기업 가치가 높은 주식을 말합니다.

☑ 우선주

주주총회에서의 의결권은 없지만, 배당이나 자산처분 수익에 대한 우선적인 권리를 가진 주식을 말합니다. 즉, 기업이 이익을 배당하거나 회사를 청산할 때, 우선주 주주는 일반주 주주보다 먼저 자신들의 이익을 받을 수 있습니다. 우선주는 1840년대 영국에서 최초로 발행했습니다.

☑ 우회상장

기업이 직접 증권시장에 상장하는 것이 아니라, 이미 상장된 다른 기업을 인수하거나 합병함으로써 간접적으로 증권시장에 상장하는 것을 말합니다. 이 방식은 새롭게 상장을 위한 복잡하고 시간이 많이 소요되는 절차를 우회할 수 있어, 시장에 빠르게 진입하는 데 유리합니다.

☑ 월봉

주식의 가격 변동을 한 달 간격으로 나타낸 차트를 말합니다. 이는 '봉차트'라는 방식을 이용해 주식의 시가, 종가, 최고가, 최저가 등을 한 눈에 파악할 수 있도록 도와줍니다. '봉'이라는 말은 이 차트가 봉 모양으로 표현되기 때문에 붙여진 이름입니다. 월봉 차트는 중장기적인 투자 전략을 세우는 데 유용하게 사용됩니다. 주식의 단기적인 가격 변동을 넘어서 한 달이라는 시간 단위를 통해 주가의 전반적인 추세와 패턴을 파악할 수 있

증권기사를 읽는데 용어를 모른다고

기 때문입니다.

📋 위탁매매

투자자가 자신의 주식을 증권사에 맡겨서 팔거나 사라는 의뢰를 하는 것을 말합니다. 즉, 투자자는 증권사에게 자신이 원하는 가격과 수량을 지시하고, 증권사는 이를 대행하여 주식시장에서 매매를 진행하게 됩니다.

📈 윗꼬리

봉차트에서 캔들의 위쪽으로 봉이 아닌 긴 선이 그려지는 경우 위에 꼬리가 붙었다고 해서 윗꼬리라고 부릅니다.

📋 유동성

어떤 자산이나 상품을 현금으로 바꿀 수 있는 능력이나 속도를 말합니다. 유동성이 높다는 것은 해당 자산이나 상품이 현금으로 쉽게 변환될 수 있음을 의미하며, 반대로 유동성이 낮다는 것은 현금으로 변환하는 데 어려움이 있다는 것을 의미합니다.

📈 유상증자

기업이 자본을 확충하기 위해 주식을 발행하고, 이를 판매하여 자금을 조달하는 방법을 말합니다. 이는 기업의 경영 활동에 필요한 자금을 마련하거나, 신사업에 투자하거나, 부채를 갚는 등의 목적으로 이용됩니다.

📈 이격도

주가의 움직임과 이동평균선과의 차이를 백분율로 나타낸 것을 말합니다.

이격도가 100% 이상이라는 것은 당일의 주가가 이동평균선보다 위에 있는 상태를 뜻하며, 반대로 100% 미만은 주가가 이동평균선 아래에 있는 상태를 의미합니다.

이격도 = 주가 ÷ 이동평균 × 100

이격도 과열종목

당일 주가(현재가)를 이동평균값(20일)으로 나눈 비율이 120%이상 일 경우의 종목입니다.

N	종목명	현재가	전일비	등락률	거래량	시가	고가	저가
1	오픈놀	8,020	↑ 1,850	+29.98%	3,853,584	6,120	8,020	6,060
2	디티앤씨알오	7,590	↑ 1,750	+29.97%	3,365,770	6,950	7,590	6,830
3	디티앤씨	5,000	↑ 1,150	+29.87%	2,946,872	4,000	5,000	4,000
4	부방	3,915	↑ 900	+29.85%	13,824,842	3,175	3,915	3,175
5	휴림에이텍	655	▲ 91	+16.13%	13,731,858	580	677	576

<출처 : 네이버페이 증권>

📈 이동평균선

일정 기간 동안의 주가의 종가를 평균내어 그래프로 그린 선을 의미합니다. 이는 주식의 단기적인 가격 변동을 고려하여 주가의 중장기적인 추세를 파악하는 데 도움이 됩니다. 예를 들어, 5일 이동평균선을 그려본다면, 최근 5일간의 주가(종가기준)를 모두 더한 후 5로 나눈 값을 그래프로 나타내게 됩니다. 이를 통해 최근 5일간의 주가 추세를 파악할 수 있습니다. 만약 이 5일 이동평균선이 상승하고 있다면, 최근 주가의 추세가 상승하고 있음을 알 수 있습니다.

증권기사를 읽는데 용어를 모른다고

☑ 이평선의 종류

이평선은 주식의 가격 추세를 파악하는 데 사용되는 기술 지표 중 하나로, 일정 기간 동안의 주가를 평균낸 값을 그래프로 나타낸 것입니다. 이평선의 종류는 사용하는 기간에 따라 크게 달라집니다.

1. 단기 이평선 : 주로 5일 또는 20일 이평선을 말합니다. 단기적인 가격 변동을 살펴보는 데 유용하며, 주가의 단기적인 상승세나 하락세를 파악하는 데 도움이 됩니다.

2. 중기 이평선 : 주로 60일 또는 120일 이평선을 사용합니다. 중기적인 가격 추세를 확인하는 데 도움이 됩니다.

3. 장기 이평선 : 주로 200일 이평선을 사용합니다. 주식의 장기적인 가격 추세를 확인하는 데 유용합니다.

따라서 투자자는 주가의 단기적인 변동과 장기적인 추세를 모두 고려해야 하며, 이를 위해 다양한 종류의 이평선을 함께 사용하는 것이 중요합니다.

☑ 익절과 손절

익절이란 주식을 보유 중일 때, 주가가 올라가 이익이 발생한 상태에서 주식을 팔아 실제로 이익을 챙기는 것을 말합니다. 이는 주식 가격이 더 오를지 불확실할 때, 현재의 이익을 확실히 잡아두기 위한 전략입니다.

반면에 손절은 주가가 내려가 손해가 발생한 상태에서 더 큰 손해를 막기 위해 주식을 팔아버리는 것을 말합니다. 이는 주식 가격이 더 내려갈지 불확실할 때, 현재의 손해를 제한하기 위한 전략입니다.

🔷 인간지표

개인투자자들의 심리를 의미하며, 그들과 반대로 투자하면 수익을 낼 수 있다는 말입니다.

🔷 인버스와 레버리지

주식에서 인버스란 추종하는 지수가 올라가면 반대로 손실을 본다라는 뜻입니다. 인버스란 기초자산의 가격 변동과 반대 방향으로 가격이 움직이는 상품을 의미합니다. 예를 들어, 코스피200 인버스 상품은 코스피200 지수가 하락하면 상승하고, 코스피200 지수가 상승하면 하락합니다. 이는 시장이 하락할 것이라 예상할 때 투자하여 손실을 줄이거나 이익을 얻는 데 사용할 수 있습니다.

주식에서 레버리지란 추종하는 지수가 올라가면 더 큰 수익을 얻는다라는 뜻입니다. 추종하는 상품의 지수가 10% 상승할 때 20%의 수익을 가져다주는 투자 상품입니다. KODEX 레버리지는 1좌당 순자산가치의 일간 변동률을 기초지수인 코스피 200 지수 일간 변동률의 양의 2배수와 유사하도록 운용하는 것을 목표로 합니다.

🔷 일봉

주식 시장에서 하루 동안의 주가 움직임을 봉 차트로 표현한 것을 의미합니다. 봉 차트는 주가의 시가, 고가, 저가, 종가를 한 눈에 파악할 수 있게 해주는 도구입니다. '일봉'에서 '일'은 '하루'를 의미하며, 각 봉이 하루 동안의 거래를 나타냅니다.

증권기사를 읽는데 용어를 모른다고

☑ 일임매매

투자자가 증권회사에 유가증권의 종목선정, 종목별 수량, 가격, 매매 등을 전부 맡기는 것을 말합니다. 이때, 유가증권의 종류, 종목수량, 가격, 매매방법 등에 대해서는 고객의 결정이 있어야 합니다. 일임매매를 하려는 업체는 금융위에 투자일임업자 등록을 해야 합니다.

☑ 애미

애널리스트 출신의 개인투자자를 말합니다.

필립 피셔의 투자철학

기업의 매출액이 앞으로도 지속적으로 오를 수 있을 것인가?
기존 제품만이 아닌 신제품 개발 능력, 의미가 있는가?

필립 피셔는 성장주 투자의 대표적인 인물로 알려져 있으며, 그의 투자 철학은 많은 투자가들에게 영향을 미쳤습니다. 그의 가장 유명한 저서인 "위대한 기업에 투자하라(Common Stocks and Uncommon Profits)"에서 그는 자신의 투자 철학을 자세히 소개하였습니다.

1. **성장주 투자** : 잠재력 있는 기업을 찾아 투자하는 것을 선호했습니다. 그는 장기적인 성장 가능성을 가진 기업에 집중하며, 그러한 기업들은 종종 혁신적인 제품이나 서비스, 탁월한 경영진, 그리고 강력한 경쟁력을 갖추고 있다는 점을 강조하였습니다.
2. **스커틀벗(Scuttlebutt) 방법** : 투자 결정을 내리기 전에 깊이 있는 조사를 강조하였습니다. 그는 경쟁사, 고객, 공급업체 등에 대한 인터뷰를 통해 기업에 대한 깊이 있는 이해를 구축하려고 노력했습니다. 이런 방법을 그는 '스커틀벗'이라고 부르며, 이는 기업의 내부와 외부 모두를 철저히 이해하는 데 중요하다고 믿었습니다.
3. **장기 투자** : 단기적인 시장 변동에 크게 영향 받지 않는 투자 전략을 선호했습니다. 그는 가치를 찾아내고, 그 가치가 시장에 완전히 반영될 때까지 기다리는 것이 중요하다고 주장하였습니다.

필립 피셔의 이런 투자 철학은 그의 성공적인 투자 경력을 통해 입증되었으며, 많은 투자가들이 그의 접근법을 따르고 있습니다.

☑ 자기매매

금융회사가 자신의 자본을 이용하여 주식이나 채권 등의 유가증권을 사고 팔아 이익을 추구하는 행위를 말합니다. 해당 금융회사의 투자부서에서 시장분석을 통해 투자 결정을 내리며, 이를 통해 회사의 수익을 늘리려는 목적이 있습니다.

☑ 자사주

회사가 보유한 자사 발행 주식을 말합니다. 의결권이 없지만 제3자에 매각하면 의결권이 되살아납니다.

☑ 자전거래

증권회사가 같은 주식을 동일 가격으로 동일 수량의 매도·매수 주문을 내어 매매거래를 체결시키는 방법을 말합니다. '자전매매'라고도 합니다. 이는 주로 주식의 거래량을 조작하거나 주가를 인위적으로 조정하는데 사용될 수 있습니다. 거래량 급변동으로 인해 주가에 영향을 끼칠 수 있기 때문에 증권거래소에 신고하도록 되어 있습니다.

☑ 작전주

특정 세력이 주가를 조작하기 위해 대량으로 사들인 후 호재를 유포하여 주가를 인위적으로 끌어올리고, 고가에서 대량으로 매도하여 시세차익을 위하는 행위를 말합니다.

📈 잔량

주식거래에서 매수 또는 매도 주문이 이루어진 후 남아 있는 미체결 주문량을 의미합니다.

📈 잡주

주로 투자 가치가 낮거나, 재무 상태가 좋지 않거나, 매출이나 이익이 불안정한 작은 규모의 기업의 주식을 의미합니다. 이런 주식은 주가 변동성이 크고 위험도가 높다는 특징이 있습니다.

📈 장마감 동시호가

주식시장이 마감되는 시간에 모든 매수, 매도 주문을 한꺼번에 체결시키는 시간을 말합니다. 이 시간에는 모든 매수, 매도 주문이 집계되어 가장 많은 주식이 거래될 수 있는 가격이 결정되며, 이 가격으로 모든 주문이 체결됩니다. 이를 통해 시장의 투명성과 공정성이 유지됩니다.

📈 장세

주식시장의 전반적인 흐름이나 동향을 의미합니다. 주로 상승장, 하락장, 보합장 등으로 나누어 설명하며, 기업의 실적, 경제지표, 정치적 사건 등 다양한 요인에 의해 결정됩니다.

📈 장외시장

한국거래소가 개설하는 시장외에서의 매매거래가 이루어지는 시장을 말합니다.

증권기사를 읽는데 용어를 모른다고

☑ 재료

주식시장에서 주가의 움직임에 영향을 주는 다양한 요소나 이벤트를 의미합니다. 주로 기업의 실적, 경제지표, 금리 동향, 정치적 사건 등이 '재료'가 될 수 있습니다.

☑ 재료소멸

주가에 영향을 미치던 특정한 요소나 이벤트가 그 효과를 잃어, 앞으로 '추가적인' 매출 증대에 더 이상 연결되지 않는다고 판단되어 주가가 급락하는 것을 말합니다. 이는 주로 기대했던 이벤트가 실제로 발생하여 그 영향력이 사라지거나, 시장의 관심이 다른 이슈로 옮겨갈 때 발생합니다.

☑ 재무제표

기업의 경제적 상태와 성과를 한눈에 볼 수 있는 나타내는 표로, 주로 재무상태표(대차대조표), 손익계산서, 현금흐름표 등으로 구성됩니다. 재무제표는 투자자들이 기업의 경영 성과와 재무 건전성을 판단하는 데 중요한 정보를 제공합니다. 예를 들어, 손익계산서를 통해 기업의 수익성을, 재무상태표를 통해 기업의 안정성을, 현금흐름표를 통해 기업의 유동성을 파악할 수 있습니다.

☑ 저가

특정 시점에 주식이 거래된 가격 중 가장 낮은 가격을 의미합니다.

☑ 저항선

어느 정도 상승한 후 일정한 가격 범위에 들어오면 더 이상 크게 오르지 않고 멈춰서 높은 가격대를 유지하거나 반등하는 구간을 나타내는 선입니다. 주식 투자자들이 해당 가격 수준을 높게 판단하고 그 가격대에서 매도를 하게 되면 어느 정도 고점에서 수익을 실현할 수 있다고 생각을 하여 매수를 줄이고 적극적으로 매도를 하게 되는 가격대입니다.

☑ 전고점

주가가 이전에 도달했던 가장 높은 가격을 의미합니다. 주가가 전고점을 돌파하면, 새로운 상승세가 시작될 수 있으므로 많은 투자자들이 주목합니다. 하지만 반대  로, 주가가 전고점을 넘지 못하고 하락하는 경우, 이는 주가의 하락세가 시작될 수 있다는 신호로 받아들여질 수 있습니다.

☑ 전일비

거래일을 따져 전날 현재가(장 마감 후에는 종가)와 당일 현재가(장 마감 후에는 종가)와 차이를 표시한 것입니다.

☑ 전환사채

특정 조건 하에서 채권을 발행기업의 주식으로 교환할 수 있는 권리를 가진 채권을 의미합니다. 전환사채는 기업에게는 자금 조달 수단으로, 투자자에게는 주식투자의 기회와 이자 수익을 동시에 제공하는 투자 상품으

증권기사를 읽는데 용어를 모른다고

로 활용됩니다.

☑ 전후장

증권거래소에서 오전에 열리는 전장(前場)과 오후에 열리는 후장(後場)을
아울러 이르는 말입니다.

☑ 정규장

주식시장에서 일정한 시간 동안 공식적으로 주식 거래가 이루어지는 시
간을 의미합니다. 이 시간 동안에는 투자자들이 자유롭게 주식을 매수하
거나 매도할 수 있습니다. 국내 증권거래소에서는 오전 9시부터 오후 3시
30분까지 주식의 거래가 이루어집니다. 이를 '정규장'이라고 부릅니다.

☑ 정리매매

특정 주식이 상장폐지 등의 사유로 일반 거래가 중단된 후, 투자자들이
그 주식을 매도하거나 매수할 수 있도록 설정된 기간을 의미합니다. 이 기
간 동안 투자자들은 주식을 거래할 수 있지만, 가격의 변동폭이 크고 거
래량이 제한적일 수 있습니다. 거래소는 정리매매 기간을 7거래일로 정하
고 있습니다. 자유롭게 거래되는 일반주식과는 달리 정리매매 종목은 단
일가 매매로 이루어집니다. 일반주식매매와의 또 다른 차이점은 바로 주
가의 상하한 제한폭이 없다는 점입니다.

☑ 정배열과 역배열

정배열은 단기이동평균선(5일, 20일선)이 위에서부터 아래로 차례
대로 배열되어 있는 상태이며, 주가가 우상향하고 있다는 이야기

입니다.

역배열은 장기이동평균선(120일선 등)이 위에서부터 차례대로 배열되어 있는 상태(정배열과 반대의 상태)이며, 주가가 우하향하고 있다는 이야기입니다.

정찰병

본 매수를 하기 전에 소량(1주)를 매수해 보는 것을 말합니다.

정크본드

정크란 '쓰레기'를 뜻하는 말로 직역하면 '쓰레기 같은 채권'입니다.

경영악화나 실적부진으로 신용등급이 급격히 낮아졌을 때 회사채 발행이 불가능한 기업이 발행하는 회사채로 '고수익채권' 또는 '열등채'라고도 부릅니다.

정테주

정치 테마주를 줄여서 부르는 말입니다. 정치인들과 관계가 있는 기업의 주가 상승이 있을 때 해당 기업을 정치 테마주로 분류합니다. 실제로 아무 관계가 없는 경우에도 다양한 이유로 주가가 오르는 경우가 있어 투자자들은 매매시 주의가 필요합니다.

제3자배정 유상증자

주식회사가 자본을 증대하기 위해 새로운 주식을 발행하고, 특정 투자자(회사 임원, 거래은행, 거래처 등)에게 그 주식을 판매하는 방식을 말합니다.

증권기사를 읽는데 용어를 모른다고

☑ 조건검색식

특정 조건에 맞는 주식을 찾아내기 위해 사용하는 도구입니다. 투자자는 주가, 거래량, PER(주가 수익 비율), PBR(주가 순자산 비율) 등 다양한 지표를 이용하여 원하는 조건을 설정하고, 이 조건에 부합하는 주식을 검색할 수 있습니다. 국내의 주식시장에서 투자할 주식을 찾고자 할 때, 투자자는 다음과 같은 조건검색식을 사용할 수 있습니다.

"최근 3개월 동안 주가가 20% 이상 상승하고, 거래량이 평균보다 50% 이상 증가한 기업"

이 조건검색식을 이용하면, 투자자는 최근 주가와 거래량이 모두 증가하고 있는, 즉 투자자들의 관심이 높아지고 있는 기업들을 찾아낼 수 있습니다.

☑ 조건부 지정가

고객이 지정한 가격으로 매매에 참여하다가 미체결 수량은 단일가매매에 시장 호가로 전환할 것을 조건으로 하는 매매입니다.

☑ 조정

주식시장에서 조정은 상당한 성장 기간 이후에 발생하는 일시적인 주가 하락을 말합니다. 이는 시장의 과열이나 과도한 패닉으로 인해 주가가 과하게 움직인 후, 다시 합리적인 수준으로 돌아오는 과정을 의미합니다. 예를 들어, 2020년 코로나19 팬데믹이 발생하면서 많은 기업들의 주가가 급격하게 하락하였습니다. 그러나 이후 정부의 대규모 경기부양책 등으로 경제 상황이 점차 회복되면서 주가도 다시 상승하였습니다. 이러한 경우를 '조정'이라고 합니다.

📈 조회공시

소문이나 보도가 있을 경우 또는 주식의 가격이나 거래량 등이 급격하게 변동할 때, 그 원인을 밝히라는 증권거래소의 요구에 대해 기업이 발표하는 공시를 말합니다. 이는 투자자들이 시장의 변동성을 이해하고 투자 결정을 내릴 수 있도록 투명성을 제공하는 역할을 합니다. 예를 들어, 어느 기업의 주가가 단기간에 급등하거나 급락했다면, 이는 일반적으로 해당 기업과 관련된 중요한 정보가 시장에 알려진 결과일 가능성이 높습니다. 이런 경우 증권거래소는 해당 기업에게 원인을 밝히는 '조회공시'를 요청하게 됩니다. 그러면 해당 기업은 자사의 주가 변동과 관련된 정보(예 : 신제품 출시, 주요 계약 체결, 경영진 변경 등)를 공시해야 합니다.

✅ 종가

정규장이 마감되는 시간에 결정되는 주가를 말합니다. 즉, 3시30분에 장이 마감되면서 확인하면 해당 종목의 종가를 알 수 있습니다.

📈 종목

주식시장에서 특정 기업의 주식을 지칭하는 말입니다. 즉, 한 기업이 발행한 주식을 그 기업의 '종목'이라고 합니다. 보통 친구들과 대화할 때 나는 삼성전자 가지고 있는데 너는 어떤 종목을 가지고 있니? 하고 대화하는 걸 요즘 자주 보실 수 있으실 겁니다.

📈 종합주가지수

주식시장의 전반적인 흐름을 나타내는 지표입니다. 국내의 경우, 대표적인

증권기사를 읽는데 용어를 모른다고

종합주가지수로는 코스피(KOSPI)와 코스닥(KOSDAQ)이 있습니다. 코스피
는 한국거래소에 상장된 대형 기업들의 주가를 종합하여 나타내는 지수
이며, 코스닥은 중소형 기업들의 주가를 종합하여 나타내는 지수입니다.

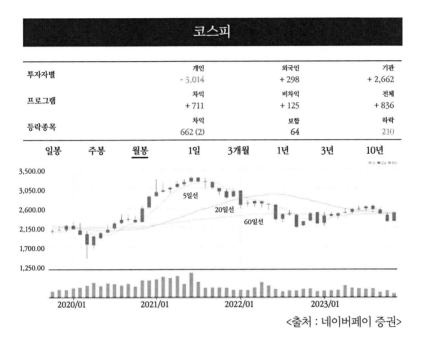

<출처 : 네이버페이 증권>

📈 주가

주식의 가격을 의미합니다.

📈 주가수익비율

Price-Earnings Ratio (P/E Ratio)라고도 불리며, 주식 투자의 가치를 판단
하는 데 중요한 지표 중 하나입니다. 이는 기업의 주가를 주당 순이익으로
나눈 값으로, 기업의 수익성과 시장에서의 주가를 비교하여 투자의 가치
를 판단하는 데 사용됩니다. 주가수익비율이 높다는 것은 주가가 기업의

현재 수익에 비해 높다는 것을 의미하며, 이는 투자자들이 해당 기업의 미래 성장 가능성을 높게 평가하고 있다는 것을 나타냅니다. 반대로, 주가수익비율이 낮다는 것은 주가가 기업의 현재 수익에 비해 낮다는 것을 의미하며, 이는 투자자들이 해당 기업의 미래 성장 가능성을 낮게 평가하고 있다는 것을 나타냅니다.

 주가지수

증권시장에서 형성되는 주가변동상황을 종합적으로 나타내는 지표를 말합니다.

KOSPI 11.20
2,495.82 ▲ 25.97 (+1.05%)

KOSDAQ 11.20
813.30 ▲ 14.24 (+1.78%)

<출처 : 네이버>

주가지수옵션

주가지수를 특정시기에 미리 지정된 가격으로 매입 또는 매도할 수 있는 권리를 매매하는 옵션입니다.

주담

주식 담당자 혹은 관계자를 말합니다. 주담과 통화했다는 말은 해당 기업의 주식 담당자와 통화를 했다는 말입니다. 관련 이슈가 있을 때 적극적으로 주담과 소통하는 것이 좋습니다,

증권기사를 읽는데 용어를 모른다고

☑ 주도주

주식시장의 움직임을 주도하고 시장 지수를 이끌어가는 주식 종목을 말합니다. 이는 일반적으로 시장에서 많은 관심을 받고, 많은 거래량을 보이며, 가격 변동이 큰 주식을 가리킵니다.

☑ 주린이

주식과 어린이를 합친 말로 주식투자 초보자를 말합니다. 주린이들은 주로 주식 투자를 처음 시작하는 사람들이나, 주식 투자에 대한 이해도가 상대적으로 낮은 사람들을 의미합니다.

☑ 주말효과

일반적으로 금요일에 주가가 상승하고 월요일에 주가가 하락하는 현상을 의미합니다. 이는 투자자들의 심리적 요인, 정보의 불균형, 거래량의 변화 등 다양한 요인에 의해 발생한다고 알려져 있습니다.

☑ 주문번호

주식 거래를 할 때 사용되는 고유 번호로, 각각의 주식 거래 요청을 식별하고 추적하는 데 사용됩니다.

☑ 주봉

봉은 각각의 시간 단위에 대한 주식의 시가, 고가, 저가, 종가를 표시하는 데 사용되는 막대 모양의 그래프를 의미하며, 주봉은 이러한 봉이 한 주간의 시간 단위를 나타낼 때 사용됩니다.

☑ 주식공개

소수의 주주에게만 점유되어 있는 회사의 주식 소유를 일반인에게도 허용하는 일을 말합니다.

☑ 주식매수청구권

주식회사의 합병·영업양도 등 주주의 이익과 중대한 관계가 있는 법정 사항에 관하여 주주총회의 결의가 있는 경우, 이에 반하여 주주가 자기 소유 주식을 공정한 가격으로 매수할 것을 회사에 청구할 수 있는 권리를 말합니다.

☑ 주식배당

회사가 자신의 이익 중 일부를 주주들에게 나눠주는 것을 의미합니다. 이 배당은 주로 현금으로 이루어지지만, 때로는 주식이나 다른 자산으로 주어질 수도 있습니다. 주식배당은 주주들에게 회사의 이익을 직접적으로 나눠주는 방식으로, 주식 투자의 주요 수익원 중 하나입니다.

☑ 주식분할

시가 총액의 변화없이 기존 주식을 세분화하는 것을 말합니다. 일정한 비율로 액면가를 나눠 그 주식수를 증식시키는데서 액면 분할이라고 부르기도 합니다.

☑ 주식소각

회사가 자사의 일부 주식을 회수하여 그 주식을 없애는 것을 의미합니다. 주식소각은 회사의 주식 수를 줄이는 결과를 가져오며, 이로 인해 기존

증권기사를 읽는데 용어를 모른다고

주주들의 지분 비율이 상대적으로 높아집니다. 주식소각은 주식의 희소성을 높여 주가를 상승시키는 효과가 있을 수 있습니다. 주식 수가 줄어들면 주식 하나당 이익(주당이익, EPS)이 높아지고, 이로 인해 주가가 상승하는 경향이 있습니다. 따라서 회사는 주식소각을 통해 주가를 안정시키거나 상승시키는 데 활용할 수 있습니다.

📈 주식예탁증서

국내 기업이 외국투자자들을 대상으로 주식을 발행하고자 할 경우 유통 편의를 위해 발행주식을 예탁기관에 맡기고 예탁기관이 발행주식(원주)을 근거로 발행, 유통하는 예탁증서를 말합니다.

📈 주식의 종류

크게 보통주와 우선주로 나눌 수 있습니다.

1. 보통주 : 이는 우리가 일반적으로 말하는 '주식'을 지칭합니다. 보통주를 가지고 있는 주주는 회사의 경영에 참여할 권리가 있고, 주식회사의 이익 분배에 참여할 수 있습니다. 즉, 주주총회에서 발언권과 투표권을 행사할 수 있습니다. 예를 들어, 삼성전자의 보통주를 가진다면, 삼성전자의 주주총회에서 의사결정에 참여할 수 있습니다.

2. 우선주 : 우선주는 보통주와 달리 투표권이 없지만, 대신 배당금을 우선적으로 받을 수 있는 권리가 있습니다. 이는 회사의 이익을 주로 배당금으로 얻고자 하는 투자자에게 유리합니다. 예를 들어, 삼성전자의 우선주를 가진다면, 삼성전자의 이익 분배가 이루어질 때 배당금을 우선적으로 받을 수 있습니다.

즉, 보통주는 회사의 경영에 참여할 권리를, 우선주는 배당금을 우선적으로 받을 권리를 갖게 됩니다.

📈 주식호가

주식 거래에서 매수 또는 매도를 원하는 가격을 말합니다. 즉, 주식을 사거나 팔 때 내가 원하는 가격을 호가라고 합니다.

📈 주주

주식회사의 주식을 소유하고 있는 사람을 말합니다. 주주는 그가 소유한 주식의 수에 따라 회사에 대한 소유권을 가지며, 이는 회사의 경영에 참여할 권리와 이익을 받을 권리를 포함합니다.

📈 증거금

주식, 선물, 옵션 등의 금융상품을 거래할 때 거래의 신뢰성을 확보하기 위해 미리 거래소나 금융회사에 내는 보증금을 말합니다.

📈 증권거래세

법인의 주식이나 지분의 소유권이 유상으로 이전되는 경우 당해 주권 또는 지분의 양도자에게 양도가액을 기준으로 부과하는 세금입니다. 2023년 기준 코스피의 경우 0.05%(농어촌특별세 0.15% 별도), 코스닥 0.20%입니다.

☑ 증시일정 및 거래시간

국내의 주식시장은 월요일부터 금요일까지 거래가 이루어지며, 주말이나
공휴일에는 거래가 이루어지지 않습니다.

한국 증시 거래시간

정규시간		09:00 ~ 15:30
동시호가	장 시작 동시호가	08:30 ~ 09:00
	장 마감 동시호가	15:20 ~ 15:30
시간외 종가	장전 시간외 종가	08:30 ~ 08:40 (전일 종가로 거래)
	장후 시간외 종가	15:40 ~ 16:00 (당일 종가로 거래)
시간외 단일가		16:00 ~ 18:00 (10분단위로 체결, 당일 종가대비± 10% 가격으로 거래)

<출처 : 네이버>

외국 증시 거래시간

국가	현지시간	한국시간	GMT대비
미국	09:30~16:00	23:30~06:00 (서머타임 적용시 1시간씩 당겨짐)	-5
일본	09:00~11:30, 12:30~15:00	09:00~11:30, 12:30~15:00	+9
중국	09:00~11:30, 13:00~15:00	10:30~12:30, 14:00~16:00	+8
홍콩	09:30~12:00, 13:00~16:00	10:30~13:00, 14:00~17:00	+8
영국	08:00~16:30	17:00~01:30 (서머타임 적용시 1시간씩 당겨짐)	0
독일	09:00~17:30	17:00~01:30 (서머타임 적용시 1시간씩 당겨짐)	+1
베트남(호치민)	09:15~11:30, 13:00~15:00	11:15~13:30, 15:00~17:00	+7
베트남(하노이)	09:00~11:30, 13:00~15:00	11:00~13:30, 15:00~17:00	+7

<출처 : 네이버>

증시 폐장일·개장일

국가	2022년 폐장일	2023년 개장일	국가	2022년 폐장일	2023년 개장일
한국	12월 29일	1월 2일	홍콩	12월 30일	1월 3일
미국	12월 30일	1월 3일	영국	12월 30일	1월 3일
일본	12월 30일	1월 4일	독일	12월 30일	1월 2일
중국	12월 30일	1월 3일	베트남	12월 30일	1월 3일

<출처 : 네이버>

증시 휴장일

구분	1월	2월	3월	4월	5월	6월	7월	8월	9월	10월	11월	12월
한국	23,24	-	1	-	1,5,29	6	-	15	28,29	2,3,9	-	25,29
미국	2,16	20	-	7	29	19	3,4	-	4	-	23,24	25
일본	2,3,9	23	21	-	3~5	-	17	11	18	9	3,24	-
중국	2,23~27	-	-	5,29,30	1~3	22,23	-	-	29	2~6	-	-
홍콩	2,23~25	-	-	5,7,10	1,26	22	-	-	-	2,23	-	25,26
영국	2	-	-	7,10	1,8,29	-	-	28	-	-	-	22,25,26,29
독일	-	-	-	7,10	1	-	-	-	-	-	-	25,26
베트남	2,23~26	-	-	-	1,2,3	-	-	-	1~4	-	-	-

<출처 : 네이버>

증자

기업이 자기 자본을 늘리기 위해 새로운 주식을 발행하는 것을 말합니다. 증자를 통해 기업은 추가적인 자금을 확보할 수 있습니다. 증자에는 회사 주식자본의 증가와 함께 실질적인 재산의 증가를 가져오는 유상증자와 주식자본은 증가하지만 실질재산은 증가하지 아니하는 무상증자의 두 가지 형태가 있습니다.

지수

주식시장의 전반적인 흐름을 나타내는 지표로, 특정 주식들의 가격 변동을 통해 계산됩니다.

지주회사

여러 종류의 사업을 경영하는 대신, 그 사업들을 운영하는 자회사들의 주식을 소유하고 경영권을 행사하는 회사를 말합니다. 국내에서 가장 대표적인 지주회사는 삼성전자입니다. 삼성전자는 다양한 사업을 운영하는 여

증권기사를 읽는데 용어를 모른다고

러 자회사들을 보유하고 있습니다. 예를 들어, 삼성전자는 삼성SDS, 삼성생명, 삼성물산 등의 회사들의 주식을 소유하고 있습니다. 이런 회사들은 각각 IT 서비스, 생명보험, 패션 등 다양한 사업을 운영하고 있지만, 그들의 경영권은 삼성전자가 행사하고 있습니다.

지주회사는 이런 방식으로 다양한 사업 분야에 걸친 안정적인 수익 창출이 가능하며, 사업 위기에 대한 리스크 분산 효과도 있습니다.

☑ 지정가

주식 거래에서 투자자가 원하는 가격을 직접 지정하여 주문을 내는 방식을 말합니다. 예를 들어, 김씨가 삼성전자 주식을 8만 원에 10주를 매수하려고 합니다. 김씨가 직접 8만 원이라는 가격을 지정하여 주문을 내면 이것이 바로 '지정가' 주문입니다. 마찬가지로 매도 주문도 가능하며, 김씨가 삼성전자 주식을 9만 원에 10주를 매도하려고 할 때, 9만

〈출처 : 키움증권〉

원이라는 가격을 지정하여 주문을 내면 이것이 '지정가' 매도 주문입니다.

☑ 지지선

떨어지지 않고 버티는 지점을 '지지선'이라고 하고, 주가가 오르다가 멈춰서는 가격대를 '저항선'이라고 합니다.

☑ 지하실

저점의 저점 이상으로 떨어지는 걸 지하실이라 부릅니다. 바닥 중의 바닥.

'저 종목 바닥인 줄 알았더니 지하실로 가네.' 이런 말을 가끔 합니다.

📈 직상장

기업공개절차를 거치지 않고 곧바로 증권거래소에 상장하는 것을 말합니다.

📉 직접공시

기업의 경영 활동이나 사업에 영향을 끼치는 사실이 발생하였을 때 또는 증권거래소가 보도나 풍문 등의 사실 여부에 대한 해명을 요구하였을 때, 해당 법인이 일반 투자자에게 그 사실을 직접 공시하는 일을 말합니다.

📈 쩜상과 쩜하

쩜상은 장시작과 동시에 상한가까지 치솟는 것을 말하고, 쩜하는 장시작과 동시에 하한가를 가는 것을 말합니다. 쩜상과 쩜하는 대형주에서는 찾아보기 힘들고 코스닥에서 가끔 나옵니다.

✅ 찐투

단기에 그치지 않고 기업에 대한 믿음으로 진지하게 진짜 투자한다 하여 '찐투'라고 말합니다. 보통 가치투자를 하거나 특정 기업을 집중적으로 공략하는 경우에 많이 쓰이는 표현입니다.

증권기사를 읽는데 용어를 모른다고

주식시장에서 바보보다 주식이 많으면 주식을 사야 할 때고,
주식보다 바보가 많으면 주식을 팔아야 할 때다.

앙드레 코스톨라니 투자철학 앙드레 코스톨라니(1906년 2월 9일 ~ 1999년 9월 14일)는 헝가리 태생의 투자가, 작가, 경제학자이다. 그는 "월 스트리트의 위대한 곰"으로 불렸으며 1929년 대공황과 1987년 블랙먼데이를 예측했다. 그는 1930년대부터 1990년대까지 주식 시장을 분석하고 투자 조언을 제공했다. 코스톨라니는 1930년대에 헝가리에서 주식 시장을 분석하기 시작했고 1940년대에 파리에서 투자 컨설팅 회사를 설립했습니다. 그는 1950년대에 미국으로 이주했고 1960년대에 월 스트리트에서 투자 조언을 제공하기 시작했습니다.

코스톨라니는 1970년대부터 1990년대까지 투자에 관한 책을 썼다. 그의 책은 투자 전략과 투자 철학에 대한 그의 통찰력을 담고 있다. 코스톨라니는 1999년 1월 11일 92세의 나이로 사망했다.

코스톨라니의 투자 철학은 다음과 같습니다.

1. 주식 시장은 예측할 수 없다.
2. 투자는 장기적인 관점에서 이루어져야 한다.
3. 투자는 분산되어야 한다.
4. 투자는 위험을 감수해야 한다.
5. 투자는 재미있어야 한다.

코스톨라니의 투자 철학은 투자에 대한 그의 통찰력을 보여줍니다. 그는 주식 시장이 예측할 수 없고 투자는 장기적인 관점에서 이루어져야 한다고 믿었습니다. 그는 또한 투자는 분산되어야 하고 위험을 감수해야 하며 재미있어야 한다고 믿었습니다.

☑ 차스닥

미국의 나스닥이나 한국의 코스닥과 같은 중국의 IT 기술주 중심의
거래소로 2009년 10월 개장했습니다.

☑ 차익실현

주식이나 부동산 등의 투자자산을 보유한 상태에서 그 가치가 상승한 후,
이를 팔아서 실제로 이익을 얻는 행위를 말합니다. 이런 행위를 통해 투자
자는 종이 위에 그려진 이득이 아닌, 실제 현금화된 이익을 얻게 됩니다.

☑ 천장

고점을 돌파라고 여태 도달한 적 없는 주가에서 한번 더 우상향하는 경우
를 말합니다. '천장을 뚫었다'하고 표현하기도 합니다.

☑ 체결과 미체결

주식 거래에 있어서 매우 중요한 개념입니다.

'체결'이란 매수자와 매도자가 주식의 가격과 수량에 대해 합의를 보고 거
래가 이루어진 상태를 말합니다. 예를 들어, A씨가 삼성전자 주식을 1주
80,000원에 매도하려는 의사를 표시하고, B씨가 그 주식을 80,000원에
사려는 의사를 표시했을 때, 주식 거래 시스템은 이 둘을 매칭시켜 거래
를 이루어지게 합니다. 이렇게 거래가 성사된 상태를 '체결'되었다고 합니
다. 반면, '미체결'은 거래가 아직 이루어지지 않은 상태를 말합니다. 가령,
A씨가 삼성전자 주식을 1주 85,000원에 매도하려는 의사를 표시했지만,

그 가격에 사려는 매수자가 아직 나타나지 않았다면, 이 거래는 '미체결' 상태입니다. 이 경우 A씨는 가격을 조정하거나, 매수자가 나타날 때까지 기다려야 합니다.

즉, '체결'과 '미체결'은 주식 거래가 이루어졌는지 아닌지를 나타내는 용어로, 주식 투자자들이 자신의 주식 거래 상태를 파악하는 데 중요한 역할을 합니다.

📈 체리파킹

원래 '체리를 따다'라는 의미입니다. 주식 시장에서는 '가장 좋은 것을 선택한다'는 의미로 쓰입니다. 투자자가 여러 투자 대상 중에서 가장 유망한 것을 선별하는 행위를 의미합니다. 예를 들어, A씨는 IT, 바이오, 배터리 등 다양한 산업 분야의 주식을 분석하고 있습니다. 그 중에서 A씨는 각 산업 분야에서 가장 성장 가능성이 높아 보이는 기업들을 선택합니다. 이때 A씨가 선택하는 기업들은 각 산업 분야에서 가장 '맛있는 체리'와 같다고 할 수 있습니다. 이런 행위를 '체리파킹'이라고 합니다.

📈 총수익

재무제표에서 총수익은 '매출액+영업외수익'으로 계산합니다.

📈 총알

총알은 바로 투자 가능한 돈을 의미합니다.

증권기사를 읽는데 용어를 모른다고

☑ 총알받이

적군의 공격을 저지하거나 화력을 분산시키기 위해 병력을 소모품으로 사용하는 것을 말합니다. 주식에서는 매도 물량을 받아주는 투자자를 말합니다.

☑ 최대주주

특정 회사의 주식 중 가장 많은 비율을 소유하고 있는 개인이나 법인을 말합니다. 일반적으로 최대주주는 그 회사의 경영권을 행사하거나, 중요한 결정사항에 큰 영향을 미칠 수 있습니다.

☑ 최우선 지정가

자기에게 최대한 유리하게 매매를 하기 위해 자동으로 가격을 지정해주는 매매 방식입니다.

☑ 최유리 지정가

매수자 또는 매도자 입장에서 가장 유리한 가격으로 지정해 매매가 체결될 수 있도록 해주는 호가입니다. 종목 및 수량은 지정하지만 가격은 시장에 도달했을 때 가장 유리한 가격으로 지정한 것으로 간주해 매매거래 합니다.

〈출처 : 키움증권〉

169

추가상장

이미 주식시장에 상장된 회사가 추가적으로 주식을 발행하여 시장에 공급하는 것을 말합니다. 이는 회사의 자금 조달, 주식의 유동성 확보, 주식 가격의 안정 등을 목적으로 진행될 수 있습니다.

추매

투자자가 이미 보유하고 있는 주식을 추가로 매입하는 행동을 의미합니다. 이는 주식의 가격이 떨어졌을 때 투자자가 더 많은 주식을 저렴하게 구매하거나, 주식의 가격이 상승할 것으로 예상될 때 더 많은 이익을 얻기 위해 진행됩니다.

추세

주가가 일정한 방향으로 움직이는 경향을 말합니다. 추세는 상승 추세, 하락 추세, 보합 추세 등으로 구분될 수 있습니다.

추세선

단기적인 변동을 무시하고 장기적인 변동을 그린 직선 또는 곡선을 말합니다. 이것을 투자심리의 측면에서 설명하면 주가가 상승할 때는 단지 주가가 상승한다는 사실 자체가 투자자에게 주가가 더욱 상승할 것이라는 확신 내지 희망을 주게 됩니다.

추세전환

주식시장에서 주가의 움직임이 기존의 추세에서 새로운 추세로 바뀌는 것을 말합니다. 이는 주가가 상승 추세에서 하락 추세로, 또는 하락 추세에서 상승 추세로 전환되는 것을 의미합니다. 추세전환은 투자자들에게 중요한 신호가 될 수 있습니다. 예를 들어, 주가가 지속적으로 상승하던 추세에서 하락 추세로 전환되면, 이는 주식을 매도할 좋은 시기일 수 있습니다. 반대로, 주가가 지속적으로 하락하던 추세에서 상승 추세로 전환되면, 이는 주식을 매입할 좋은 시기일 수 있습니다.

☑ 침체국면

경제주기 중에서 경제 활동이 감소하고, 실업률이 상승하며, 물가상승률이 떨어지는 기간을 말합니다. 이 기간 동안에는 소비와 투자가 줄어들어 경제 성장률이 둔화하게 됩니다. 국내의 경제 상황에서 이를 예로 들어보겠습니다. 1997년에 발생한 아시아 금융위기 시기는 대표적인 침체국면의 예시로 들 수 있습니다. 이 기간 동안 한국은 심각한 경제 위기를 겪었고, 많은 기업들이 부도를 선언하였습니다. 또한, 실업률이 급격히 상승하였고, 경제 활동이 크게 줄어들었습니다.

경제주기는 침체국면을 거치면서 불황, 회복, 호황 등의 단계를 반복하게 됩니다. 이러한 경제주기의 흐름을 이해함으로써 투자자는 향후 경제 상황을 예측하고, 그에 따른 투자 전략을 세울 수 있습니다.

제시 리버모어의 투자철학

어떤 주식에 대해 예상했다면 너무 성급히 뛰어들지 마라.
투기와 투자는 스스로 공부하는 사람만이 성공할 수 있다.

제시 리버모어는 20세기 초반의 대표적인 미국의 주식 투자자로, 그의 투자철학은 여전히 많은 투자자들에게 영향을 미치고 있습니다. 그의 투자 철학에는 다음과 같은 주요 원칙들이 있습니다.

1. **시장은 항상 옳다** : 시장의 움직임을 예측하려고 하지 않았습니다. 대신 그는 시장의 움직임을 주시하고, 그에 따라 자신의 투자 전략을 조정하였습니다.
2. **손실은 빠르게 인정하라** : 투자에서 손실이 발생하면 가능한 빨리 그 손실을 인정하고, 해당 주식을 매도하는 것이 중요하다고 강조하였습니다.
3. **투자는 철저한 연구와 분석에 기반해야 한다** : 투자 결정을 내리기 전에 철저한 연구와 분석을 하는 것이 중요하다고 강조하였습니다. 이는 투자자가 자신의 투자 결정에 대한 확신을 가질 수 있게 하며, 잘못된 투자 결정으로 인한 손실을 최소화하는 데 도움이 됩니다.
4. **인내심이 중요하다** : 투자에서 성공하기 위해서는 인내심이 중요하다고 강조하였습니다. 그는 종종 주식을 사고 나서도 시장의 상황이 자신의 예상대로 움직일 때까지 기다리는 것이 중요하다고 말하였습니다.필립 피셔의 이런 투자 철학은 그의 성공적인 투자 경력을 통해 입증되었으며, 많은 투자가들이 그의 접근법을 따르고 있습니다.

이러한 원칙들은 제시 리버모어의 투자 철학의 핵심을 이루며, 그의 성공적인 투자 경력을 통해 입증되었습니다. 따라서 이러한 원칙들은 여전히 많은 투자자들에게 유용한 가이드라인을 제공하고 있습니다.

☑ 칼손절

칼 같이 손절하다를 일컫는 말입니다. 단타 스캘핑에서 주로 쓰이는 말이며 매수하고 나서 손실이 -3% 이상일 때 손절하는 것을 말합니다.

☑ 캐쉬플로우

기업이 운영, 투자, 재무 활동으로 인해 발생하는 현금의 유입과 유출을 말합니다. 이는 기업의 건전성과 향후 성장 가능성을 판단하는 중요한 지표입니다.

☑ 캔들

양초를 뜻하는 단어로, 네모난 모습이 마치 양초를 닮았다고 하여 캔들이란 이름이 붙게 되었습니다.

☑ 캘린더효과

특정 시기나 날짜에 주가가 일관되게 특정한 방향으로 움직이는 현상을 말합니다. 이는 계절, 특정 달, 주, 일 등과 같이 캘린더와 관련된 요인에 의해 발생한다는 가정 하에 연구되고 분석됩니다. 국내의 주식시장에서도 이러한 캘린더 효과가 관찰되곤 합니다. 예를 들어, '1월 효과'는 1월에 주식시장이 상승하는 현상을 말하는데, 이는 투자자들이 새로운 해에 투자를 시작하면서 주가가 상승하는 현상을 말합니다. 또한, '금요일 효과'는 금요일에 주식시장이 상승하는 현상을 말하는데, 이는 투자자들이 주말을 앞두고 긍정적인 감정이 높아지면서 주가가 상승하는 현상을 말합니다.

하지만 이러한 캘린더 효과는 과거의 데이터를 바탕으로 한 패턴이며, 항상 그대로 반복되지는 않습니다.

📈 컨센서스

말 그대로 '일반적인 합의' 혹은 '공통된 의견'을 의미합니다. 주식 시장에서 컨센서스는 투자자들이나 시장 전문가들이 특정 주식이나 시장 전체에 대해 가지고 있는 일반적인 예상이나 견해를 말합니다. 예를 들어 'A종목의 다음 분기 실적은 어떻게 될 것인가?'라는 질문에 대한 다양한 전문가들의 의견이 모여 '평균적으로는 매출이 전분기 대비 5% 증가할 것으로 예상된다'는 컨센서스가 형성될 수 있습니다.

컨센서스는 개별 투자자들이 투자 결정을 내리는데 중요한 참고 자료가 될 수 있습니다. 하지만, 컨센서스는 여러 전문가들의 평균적인 의견을 반영하기 때문에, 실제 시장의 움직임과는 차이가 있을 수 있습니다.

📈 코넥스(KONEX)

한국거래소에서 운영하는 한국형 NASDAQ 시장으로, 'Korea New EXchange'의 약자입니다. 코넥스는 주로 초기 창업기업이나 중소·벤처기업 등이 자금을 조달할 수 있는 자본시장을 제공하고, 이러한 기업들의 성장을 지원하는 역할을 합니다.

코넥스 시장은 이러한 기업들이 초기 투자를 받고, 자신들의 비즈니스를 성장시키면서 더 큰 규모의 자금을 필요로 할 때 이를 위한 플랫폼을 제공합니다. 이런 기능은 코스닥이나 코스피와 같은 주요 시장에서는 어렵게 느껴질 수 있습니다. 그 이유는 이러한 주요 시장에서는 일정 규모 이

증권기사를 읽는데 용어를 모른다고

상의 기업만이 상장할 수 있기 때문입니다. 예를 들어, 창업 초기 단계에 있는 바이오기업이 투자를 받아 연구개발을 진행하고, 그 결과를 바탕으로 신약을 개발하려면 상당한 양의 자금이 필요합니다. 이런 경우, 이 기업은 코넥스에 상장하여 필요한 자금을 조달하고, 이를 통해 비즈니스를 성장시킬 수 있습니다.

코넥스							
종목명	현재가	전일비	등락률	거래량	거래대금(천원)	시가총액(억)	상장주식수(주)
나라소프트	60	▲ 3	+5.26%	465,502	26,776	26	43,267,005
로보쓰리에이아이앤로보틱스	836	▼ 22	-2.56%	145,628	122,302	180	21,515,163
이브이파킹서비스	3,400	▼ 325	-8.72%	77,358	258,753	553	16,266,666
원포유	1,238	▼ 17	-1.35%	52,835	63,847	405	32,751,985
프로젠	2,580	▼ 320	-11.03%	42,973	110,728	298	11,552,500

<출처 : 네이버페이 증권>

📈 코스닥(KOSDAQ)

한국거래소에서 운영하는 주식시장으로, 'Korea Securities Dealers Automated Quotations'의 약자입니다. 코스닥은 주로 중소기업이나 벤처기업 등이 자금을 조달하고, 투자자들에게 투자 기회를 제공하는 역할을 합니다.

코스닥 시장은 한국의 경제 상황에서 중요한 역할을 합니다. 예를 들어, IT 기업이 신기술을 개발하거나 서비스를 확장하기 위해 자금이 필요한 상황이라면 이 기업은 코스닥에 상장하여 필요한 자금을 조달할 수 있습니다. 이런 방식으로 코스닥은 이러한 기업들이 성장하고, 더 많은 일자리를 창출하는 데 기여합니다.

또한, 코스닥은 투자자들에게도 다양한 투자 기회를 제공합니다. 투자자들은 코스닥에 상장된 기업들 중에서 자신들이 믿는 기업을 선택하여 투자할 수 있습니다. 이를 통해 투자자들은 자신의 투자로 수익을 얻을 수 있을 뿐만 아니라, 자신이 믿는 기업의 성장을 지원하는 데도 기여할 수 있습니다.

<출처 : 네이버페이 증권>

📈 코스피(KOSPI)

'Korea Composite Stock Price Index'의 약자로, 한국의 주요 주식시장인 한국거래소에서 운영되는 주가지수입니다. 코스피는 한국 거래소에 상장된 주식 중에서 일정한 기준에 따라 선정된 주식의 주가를 종합하여 계산되는 지수입니다.

증권기사를 읽는데 용어를 모른다고

코스피는 한국 경제의 상황을 가장 잘 반영하는 지표 중 하나로, 주식시장의 전반적인 흐름을 나타내는 중요한 지표입니다. 예를 들어, 코스피 지수가 상승하면 그것은 대체로 한국 경제가 호황을 누리고 있음을 의미하며, 반대로 코스피 지수가 하락하면 경제가 악화되고 있음을 나타냅니다. 코스피에는 삼성전자, 현대자동차, SK하이닉스 등 대표적인 한국 기업들이 상장되어 있습니다. 이런 대형 기업들의 주가 움직임이 코스피 지수에 큰 영향을 미치므로, 이 기업들의 실적이나 경영 상황 등을 주시하는 것이 중요합니다.

<출처 : 네이버페이 증권>

☑ 코스피200(KOSPI200)

한국거래소에서 운영하는 주가지수로, 코스피 지수 중에서 시가총액이 크고 유동성이 높은 상위 200개 회사의 주가를 종합하여 계산되는 지수입니다. 코스피200은 한국 경제를 대표하는 기업들의 주가 움직임을 종합적으로 나타내는 지표로, 한국 경제의 건강성과 방향성을 판단하는데 중요한 역할을 합니다. 예를 들어, 코스피200 지수가 상승하면 그것은 대체로 한국 경제가 호황을 누리고 있음을 의미하며, 반대로 코스피200 지수가 하락하면 경제가 악화되고 있음을 나타냅니다. 코스피200에 포함된 기업들은 삼성전자, 현대자동차, SK하이닉스 등 대형 기업들로, 이들 기업의 주가 움직임이 코스피200 지수에 큰 영향을 미칩니다. 따라서 이런 기업들의 실적이나 경영 상황 등을 주시하는 것이 중요합니다.

또한, 코스피200은 선물과 옵션 등 파생상품의 기초자산으로도 많이 활용되므로, 파생상품 투자자들에게도 중요한 지표입니다.

코스피200

코스피200	**334.23**	상한종목수	0
전일대비	▲ 2.17	상승종목수	129
등락률	+0.65%	하한종목수	0
장중최고	335.56	하락종목수	59
장중최저	331.05	보합종목수	12
52주최고	351.23	거래량(천주)	73,758
52주최저	284.32	거래대금(백만)	4,003,910

<출처 : 네이버페이 증권>

증권기사를 읽는데 용어를 모른다고

📈 콜금리

금융기관간 영업활동 과정에서 남거나 모자라는 자금을 30일 이내의 초
단기로 빌려주고 받는 것을 '콜'이라 부르며, 이때 은행·보험·증권업자 간에
이루어지는 초단기 대차에 적용되는 금리를 말합니다.

📈 콜옵션과 풋옵션

'콜옵션(Call Option)'과 '풋옵션(Put Option)'은 주식이나 다른 금융자산을 일
정 가격에 매매할 수 있는 권리를 나타내는 파생상품입니다.

콜옵션은 주식이나 다른 금융자산을 사는 권리를 말합니다. 예를 들어,
한국의 어떤 IT 기업의 주식이 현재 10만원이라고 가정해봅시다. 만약 당
신이 이 주식의 가격이 앞으로 오를 것이라고 예상한다면, 당신은 이 주식
을 10만원에 사는 콜옵션을 살 수 있습니다. 그리고 나서 이 주식의 가격
이 15만원으로 올랐다면, 당신은 콜옵션을 행사하여 주식을 10만원에 사
고, 즉시 15만원에 팔 수 있습니다. 이렇게 하면 당신은 5만원의 이익을 얻
을 수 있습니다.

반대로, 풋옵션은 주식이나 다른 금융자산을 파는 권리를 말합니다. 만약
당신이 위의 IT 기업의 주식 가격이 앞으로 떨어질 것이라고 예상한다면,
당신은 이 주식을 10만원에 팔 수 있는 풋옵션을 살 수 있습니다. 그리고
나서 이 주식의 가격이 5만원으로 떨어졌다면, 당신은 풋옵션을 행사하여
주식을 10만원에 팔 수 있습니다. 이렇게 하면 당신은 5만원의 이익을 얻
을 수 있습니다.

따라서, 콜옵션과 풋옵션은 투자자들이 주식이나 다른 금융자산의 가격

변동에 대비하고, 이를 활용하여 수익을 얻을 수 있게 하는 중요한 도구입니다.

📈 퀴드러플위칭데이

네마녀의 날이라고 불리며, 영어로 'Quadruple Witching Day'라고도 하며, 한 해에 4번, 미국기준(3월, 6월, 9월, 12월의 세번째 금요일), 한국기준(3월, 6월, 9월, 12월의 두번째 목요일)에 동시에 4가지 종류의 파생상품(주식지수 선물, 주식지수 옵션, 개별주식 선물, 개별주식 옵션)이 만기가 되는 날을 말합니다.

이 날은 투자자들이 만기가 도래한 파생상품을 정리하고, 새로운 계약을 체결하기 위해 많은 거래가 이루어지는 날입니다. 따라서 이날은 주식시장의 거래량이 급증하고, 가격 변동성이 커지는 경향이 있습니다. 예를 들어, 한국의 어떤 IT 기업의 주식에 대한 콜옵션을 가지고 있는 투자자는 이날 주식을 구매할지, 아니면 옵션을 그냥 만기되게 할지 결정해야 합니다. 이런 결정들이 모여서 주식의 가격에 영향을 미치게 됩니다.

📈 크라우드 펀딩

많은 사람들('Crowd')이 자금('Funding')을 모아 특정 프로젝트나 사업을 지원하는 방식을 말합니다. 크라우드펀딩은 일반적으로 인터넷을 통해 이루어지며, 창업자나 아티스트 등이 자신의 아이디어나 프로젝트를 사람들에게 소개하고, 그들로부터 자금을 조달하는 방법입니다. 이를 통해 창업자나 아티스트는 자금을 조달할 수 있고, 투자자는 그 프로젝트의 성공을 통해 이익을 얻거나, 아티스트의 작품을 미리 구매하는 등의 혜택을 받을

증권기사를 읽는데 용어를 모른다고

수 있습니다. 예를 들어, 어떤 창업자가 혁신적인 제품 아이디어를 가지고 있지만, 제품을 개발하고 시장에 출시하는 데 필요한 자금이 부족하다고 가정해봅시다. 이 창업자는 크라우드펀딩 플랫폼을 통해 자신의 아이디어를 사람들에게 소개하고, 그들로부터 자금을 조달할 수 있습니다. 이렇게 하면 창업자는 제품을 개발하고 시장에 출시하는 데 필요한 자금을 조달할 수 있고, 투자자들은 그 제품이 성공할 경우 이익을 얻거나, 제품을 미리 구매하는 등의 혜택을 받을 수 있습니다.

존 네프는 유명한 투자가로, 가치 투자 전략을 통해 많은 성공을 거두었습니다. 그의 투자 철학은 다음과 같습니다.

1. **저평가된 주식에 투자** : 주식의 가치를 판단할 때, P/E(주가 수익 비율)를 중요하게 생각했습니다. 그는 P/E 비율이 시장 평균보다 낮은 주식, 즉 저평가된 주식을 찾는데 초점을 맞추었습니다. 그는 이러한 주식이 장기적으로 높은 수익률을 제공할 가능성이 높다고 믿었습니다.
2. **고배당 주식 선호** : 높은 배당 수익률을 가진 주식을 선호했습니다. 그는 배당 수익이 투자자에게 안정적인 수익을 제공하며, 회사의 재무 건전성을 반영한다고 믿었습니다.
3. **경기 둔화에 강한 산업에 투자** : 경기가 둔화하는 기간 동안에도 성장할 수 있는 산업의 주식을 찾는 데 집중했습니다. 그는 이러한 주식이 경기 침체 기간 동안 투자 포트폴리오를 안정화시키는 데 도움이 된다고 생각했습니다.
4. **꾸준한 연구와 분석** : 주식 선택에 있어서 꾸준한 연구와 분석을 강조했습니다. 그는 회사의 재무제표 분석, 산업 동향 파악, 경영진과의 인터뷰 등을 통해 주식의 가치를 평가하였습니다.
5. **장기투자** : 단기적인 시장 변동에 휘둘리지 않고, 장기적인 관점에서 투자하는 것을 선호했습니다. 그는 장기적으로 가치를 인정받는 주식에 투자함으로써, 높은 수익률을 얻을 수 있다고 믿었습니다.

이처럼, 존 네프의 투자 철학은 저평가된 주식을 찾아내고, 꾸준한 분석과 장기적인 시각을 기반으로 투자하는 것에 중점을 두었습니다. 이 덕분에 그는 많은 성공을 거두었으며, 그의 투자 철학은 여전히 많은 투자자들에게 영향을 미치고 있습니다.

☑ 탄력

탄력은 추세와 비슷한 의미로 쓰입니다. 주가의 상승세가 뛰어날 때 '탄력'이 좋다고 말합니다.

☑ 탈출

주식을 하다보면 매수 이후 주가가 많이 떨어져 팔지 못하는 경우가 자주 있습니다. 그렇게 오래 주식을 가지고 있다가 주가가 회복하여 본전에 나오는 것을 탈출이라고 표현합니다.

☑ 턴어라운드

기업의 경영 상태나 재무 상태가 악화되었던 상황에서 개선되어, 다시 성장하거나 이익을 내기 시작하는 것을 의미합니다. 이런 상황은 기업의 경영 전략 변경, 산업 환경의 변화, 신제품 출시, 구조조정 등 다양한 요인에 의해 일어날 수 있습니다.

☑ 털리다

보유하고 있던 종목이 손절 후 상승했을 때 '털렸다'는 의미로 쓰이는 용어입니다. 내가 가지고 있는 주식이 움직임도 없고 마치 손절을 유도하듯이 움직일 때 쓰이기도 합니다.

☑ 테마주

특정 이슈나 테마에 따라 주가가 크게 움직일 것으로 예상되는 주식을 의미합니다. 이는 해당 이슈나 테마가 그 기업의 실적 개선을 이끌어낼 것으로 예상될 때 주로 사용됩니다.

국내에서 대표적인 테마주 사례로는 2020년 코로나19 팬데믹이 확산하면서 바이오와 의료 관련 주식들이 있습니다. 코로나19에 대한 백신과 치료제 개발에 주력하는 바이오 기업들의 주가는 크게 상승했습니다. 또한, 비대면 서비스와 관련된 IT 기업들도 코로나19라는 테마에 따라 주가가 크게 움직였습니다.

그러나 테마주 투자에는 주의가 필요합니다. 테마가 사라지거나 예상과 다르게 흘러갈 경우, 주가는 급격히 하락할 수 있습니다. 또한, 테마에 편승한 투기성 주식들도 있어 신중한 판단이 필요합니다. 투자자는 테마주를 선택할 때 해당 기업의 재무 상태, 테마의 지속 가능성, 시장 환경 등을 고려해야 합니다.

텐 배거

텐 배거는 10배 이상 상승한 주식을 의미합니다. 원대 텐 배거는 야구 용어로 배거는 루타를 의미합니다. 텐 배거는 10루타를 말합니다. 피터 린치가 처음으로 사용한 말로 1977년부터 1990년 까지 13여 년 간 마젤란 펀드를 운영하면서 누적수익률 2,703%를 기록했고 이는 연 29.3%에 달합니다. 그후 텐 배거란 대박 종목을 뜻하는 증권가의 용어가 되었습니다.

투매

'투자자들이 주식을 매도하는 것'을 의미합니다. 이는 주로 주식의 가격이 하락할 것으로 예상될 때, 투자자들이 손실을 줄이기 위해 주식을 팔아

넘기는 행위를 말합니다.

📝 투심

'투자자들의 심리'를 줄여 말한 것입니다. 이는 주식 시장에서 주가의 움직임을 결정하는 중요한 요인 중 하나로, 투자자들의 기대, 두려움, 욕심 등의 감정 상태를 의미합니다.

투자심리과열 종목

상승일수를 10일간 나눈 비율이며, 그 비율이 80%이상 일 경우의 종목입니다.

N	종목명	현재가	전일비	등락률	거래량	시가	고가	저가
1	KX하이텍	1,433	▲ 28	+1.99%	424,580	1,392	1,434	1,392
2	HDC현대EP	4,765	▲ 75	+1.60%	48,438	4,710	4,770	4,690
3	DMS	6,500	▲ 90	+1.40%	94,054	6,440	6,550	6,360
4	유니드비티플러스	9,060	▲ 100	+1.12%	505,939	9,320	9,700	9,040
5	해성산업	8,000	▲ 80	+1.01%	42,552	7,870	8,120	7,860

<출처 : 네이버페이 증권>

📈 투자

자신이 가진 자산을 활용하여 더 많은 이익을 얻기 위해 돈이나 시간, 노력 등을 어떤 사업이나 프로젝트에 투입하는 행위를 말합니다. 주식 투자는 이런 투자의 한 형태로, 기업의 주식을 사서 주가 상승이나 배당금 등으로 수익을 얻는 것을 목표로 합니다.

📈 투자분석

투자를 계획하고 실행하기 전에 투자 대상이 될 수 있는 주식, 채권, 부동산 등의 가치를 판단하는 과정을 말합니다. 이 과정에서는 해당 투자 대상의 재무 상태, 시장 환경, 경영 전략 등 다양한 정보를 분석합니다.

예를 들어, 삼성전자에 투자를 고려하는 투자자는 삼성전자의 재무제표를 분석하여 회사의 수익성, 안정성, 성장성 등을 파악합니다. 또한, 반도체 시장의 추세나 경쟁 상황, 삼성전자의 경영 전략 등 외부 환경에 대해서도 분석합니다. 이런 분석을 통해 투자자는 삼성전자의 주가가 현재와 미래에 어떻게 움직일지를 예측하고, 이에 따라 투자 결정을 내립니다.

☑ 투자신탁

투자자들이 자신의 돈을 신탁사에 맡기고, 신탁사에서 이를 관리하여 다양한 금융상품에 투자하는 것을 말합니다. 투자신탁은 개개인이 직접 투자하기 어려운 대형 프로젝트에도 참여할 수 있게 해주며, 전문가의 투자 관리를 받을 수 있다는 장점이 있습니다.

국내에서 '투자신탁'의 대표적인 사례로는 주식형 펀드를 들 수 있습니다. 이는 투자자들이 돈을 모아 신탁사에 맡기고, 신탁사에서는 이 돈을 주식 시장에 투자하여 수익을 창출하는 방식입니다. 투자자는 이 펀드를 통해 주식 시장의 수익을 얻을 수 있지만, 주식 시장의 위험도 함께 부담하게 됩니다.

그러나 '투자신탁'은 투자자의 돈을 신탁사가 관리하기 때문에, 신탁사의 투자 성과에 크게 의존합니다. 따라서 투자자는 신탁사를 선택할 때 그 신탁사의 투자 전략, 수수료 구조, 과거의 투자 성과 등을 주의 깊게 살펴볼 필요가 있습니다. 또한, 투자신탁은 주식, 채권 등 다양한 금융상품에 투자할 수 있으므로, 투자자는 자신의 투자 목표와 리스크 수용 능력에 맞는 투자신탁을 선택해야 합니다.

증권기사를 읽는데 용어를 모른다고

☑ 투자심리선

투자자들의 심리 상태를 나타내는 지표로, 보통 테크니컬 분석에서 사용됩니다. 이는 주가의 움직임을 통해 투자자들이 현재 어떤 감정 상태에 있는지, 그리고 이로 인해 주가가 어떻게 움직일 것인지를 예측하려는 시도입니다. 최근 10일간(2주동안) 주가가 상승한 날의 백분율을 이용, 이 값의 크기에 의해 주식시장에 대한 심리적 변화를 볼 수 있습니다. 현재의 시장 상황 혹은 주가가 과열상태인지, 침체상태인지를 알아볼 수 있는 투자지표입니다.

75% 이상이면 과열경계지대(매도), 25%~75% 이면 중립지대, 25% 이하는 침체, 안전지대(매수) 로 보시고 투자에 참조하시면 됩니다.

☑ 투자자

자신의 자산을 특정한 기업, 사업, 부동산, 주식 등에 투입하여 더 많은 이익을 얻고자 하는 사람이나 단체를 의미합니다. 투자자는 자신의 자산을 효율적으로 운용하려는 목적으로 다양한 투자 활동을 수행합니다.

☑ 투자판단지표

투자자들이 투자 대상을 선택하거나 투자 시기를 결정하는 데 도움을 주는 여러 가지 지표를 말합니다. 이는 기업의 재무상태, 시장 환경, 경제 지표 등 다양한 정보를 분석하여 도출됩니다.

☑ 통정매매

2인 이상이 공모하여 주식 매수와 매도 주문을 동시에 하는 거래를 말합니다. 거래량 증가와 주가조작에 목적이 있습니다.

📈 투자주의 종목

상한가 잔량 상위, 종가 급변, 단일계좌 거래량 상위 등에 의해 투자주의 종목으로 지정됩니다. 투자주의 종목은 매매에는 특별한 제한이 없습니다.

번호	종목명 ▾	유형	공시일	지정일 ▾
10	나노브릭	소수지점/계좌	2023-11-20	2023-11-21
9	나라소프트	소수지점/계좌	2023-11-20	2023-11-21
8	디티앤씨알오	투자경고 지정예고	2023-11-20	2023-11-21
7	메디아나	투자경고 지정예고	2023-11-20	2023-11-21
6	셀트리온	스팸관여과다종목	2023-11-20	2023-11-21

<출처 : KIND>

📉 트레이딩시스템

주식, 선물, 옵션 등의 금융 상품을 거래할 때 사용하는 컴퓨터 프로그램이나 시스템을 말합니다. 이 시스템은 투자자가 설정한 특정한 규칙에 따라 자동으로 거래를 실행하며, 이를 통해 투자자는 감정적인 판단을 배제하고 일관된 투자 전략을 실행할 수 있습니다.

국내에서 '트레이딩 시스템'의 대표적인 사례로는 증권사에서 제공하는 HTS(Home Trading System)가 있습니다. HTS는 개인 투자자가 집이나 사무실에서 인터넷을 통해 주식 등의 금융 상품을 거래할 수 있게 해주는 시스템입니다. 이 시스템을 통해 투자자는 실시간으로 주가 정보를 확인하고, 주식을 매수하거나 매도하는 등의 거래를 실행할 수 있습니다.

증권기사를 읽는데 용어를 모른다고

☑ 트리플 강세

주가가 오르면서 채권, 원화의 값이 한꺼번에 오르는 3고현상을 말합니다.

즉 금리와 환율이 동시에 하락하는 현상을 말합니다.

에드 세이코타의 투자철학

상식적으로 생각해봐라. 비법은 없다.
빌려서 투자하지 마라. 돈이 없다면 투자하지 마라.

에드 세이코타는 세계적으로 유명한 상품 거래 전문가로, 그의 투자 철학은 다음과 같습니다.

1. **추세 추종** : 주식이나 상품의 가격 추세를 따르는 투자 전략을 선호했습니다. 그는 주식이나 상품의 가격이 상승 추세에 있을 때 매수하고, 하락 추세에 있을 때 매도하는 방식으로 투자했습니다.
2. **손실 줄이기** : 손실을 최소화하는 것이 투자에서 성공하는 데 중요하다고 믿었습니다. 그는 투자가 잘못된 방향으로 가고 있다는 신호를 받으면, 빠르게 포지션을 청산하고 손실을 줄이려고 노력했습니다.
3. **장기투자** : 단기적인 시장 변동에 휘둘리지 않고, 장기적인 관점에서 투자하는 것을 선호했습니다. 그는 장기적으로 가치를 인정받는 주식에 투자함으로써, 높은 수익률을 얻을 수 있다고 믿었습니다.
4. **규칙 기반 투자** : 자신만의 투자 규칙을 만들고, 그 규칙을 엄격하게 따르는 것이 중요하다고 믿었습니다. 그는 이렇게 함으로써 감정적인 결정을 피하고, 일관된 투자 전략을 유지할 수 있다고 믿었습니다.

이처럼, 에드 세이코타의 투자 철학은 추세 추종, 손실 줄이기, 장기 투자, 그리고 규칙 기반 투자를 중심으로 하고 있습니다. 이러한 철학은 그가 상품 거래에서 대단한 성공을 거둘 수 있게 도와주었습니다.

🗠 파생금융상품

기초자산의 가격 변동에 따라 그 가치가 결정되는 금융상품을 말합니다. 기초자산은 주식, 채권, 환율, 원자재 등 다양할 수 있습니다. 파생금융상품은 투자자가 기초자산의 가격 변동 위험을 관리하거나, 투자 수익을 높이기 위해 사용됩니다. 예를 들어 한국의 주요 기업인 삼성전자 주식을 기초자산으로 하는 옵션을 들 수 있습니다. 옵션은 미래의 일정 시점에 특정 가격(행사가격)으로 기초자산을 사거나 팔 수 있는 권리를 말합니다. 만약 삼성전자 주식 가격이 상승한다면, 삼성전자 주식을 사는 권리를 가진 콜옵션의 가치는 증가할 것입니다.

또 다른 예로는 원/달러 환율을 기초자산으로 하는 선물을 들 수 있습니다. 선물은 미래의 일정 시점에 기초자산을 특정 가격으로 사거나 팔 수 있는 의무를 가진 계약입니다. 만약 원/달러 환율이 상승한다면, 달러를 팔 수 있는 권리를 가진 원/달러 선물 계약의 가치는 증가할 것입니다.

🗠 패닉셀

주식시장에서 주가가 급락하는 상황에서 투자자들이 공포심에 휩싸여 일시적으로 매도 경향이 강해지는 현상을 말합니다. 이는 일반적으로 예기치 못한 부정적인 뉴스나 사건 등이 발생했을 때 나타납니다. 예를 들어 코로나19와 같은 대규모 팬데믹이 발생했을 때의 상황을 들 수 있습니다. 2020년 초, 코로나19의 확산으로 인해 전 세계 주식시장이 큰 충격을 받았고, 많은 투자자들이 자산을 보호하려는 목적으로 주식을 대량으로 매도하였습니다. 이는 대표적인 '패닉셀'의 예시로 볼 수 있습니다. 그러나 '패닉셀' 상황에서는 시장의 과도한 반응으로 인해 주식의 가치가 실제 가치보다 낮게 평가될 수 있으므로, 장기적인 관점에서는 투자 기회로 볼 수도 있습니다.

📈 펀더멘털

기업의 기본적인 재무 상태나 사업 활동, 경영진의 능력 등을 평가하는 방법을 의미합니다. 이는 주식의 가치를 판단하는 데 굉장히 중요한 요소이며, 장기적인 관점에서 투자 결정을 내리는 데 도움이 됩니다. 투자자가 A 기업의 펀더멘털을 분석한 결과, 재무 상태가 건전하고, 사업 부문의 경쟁력이 뛰어나며, 경영진의 전략이 효과적이라고 판단한다면, A기업의 주식은 투자 가치가 있다고 볼 수 있습니다. 반대로, 펀더멘털이 약하다면, 주식의 가격이 잠시 상승하더라도 장기적으로는 가격이 하락할 가능성이 높습니다.

📈 펀드

여러 투자자들의 자금을 모아서 투자 전문가가 주식, 채권 등 다양한 자산에 투자하는 집합 투자체를 의미합니다. 펀드는 투자 대상이나 운용 방식에 따라 다양한 종류가 있습니다. 예를 들어, 국내의 대표적인 기업인 삼성전자, SK하이닉스, 현대차 등에 투자하는 주식형 펀드가 있습니다. 투자자는 이 펀드에 투자함으로써, 각기 다른 기업들의 주식에 투자하는 것과 같은 효과를 얻을 수 있습니다. 이렇게 펀드를 통해 투자하면 다양한 기업에 투자함으로써 투자 위험을 분산시킬 수 있고, 펀드 매니저의 전문적인

증권기사를 읽는데 용어를 모른다고

투자 능력을 활용할 수 있습니다.

📈 펌핑

일부 주식 투자자들이 특정 주식의 가격을 인위적으로 올리는 행위를 말합니다. 이는 주로 주식의 수요를 증가시키거나, 주식의 가치를 과대평가하게 만드는 허위정보를 퍼뜨리는 방식으로 이루어집니다. 이러한 행위는 주식 시장의 건전성을 해치며, 대부분의 경우 법적으로 금지되어 있습니다. 코스닥 시장에서 이런 현상이 자주 발생합니다. 일부 투자자들이 집단으로 모여 특정 주식을 대량으로 매수하면서 주식의 가격을 급등시키곤 합니다. 이후 이들은 가격이 올라간 시점에서 주식을 대량 매도하며 큰 이익을 챙깁니다. 하지만 이로 인해 해당 주식을 높은 가격에 매수한 일반 투자자들은 큰 손실을 입게 됩니다.

이런 '펌핑' 현상은 주식 시장의 건전성을 해칠 뿐 아니라, 일반 투자자들에게 큰 피해를 주므로 투자자들은 이런 현상에 대해 항상 경계해야 합니다.

📈 평가손익과 평가손익률

'평가손익'과 '평가손익률'은 투자자가 주식 등의 금융상품을 매수한 후 현재 시점에서의 수익이나 손실을 평가하는 데 사용되는 지표입니다.

'평가손익'은 투자자가 매수한 금융상품의 현재 가격과 매수 가격의 차이를 의미합니다. 매수 가격이 현재 가격보다 낮다면 평가손익은 '+'로, 매수 가격이 현재 가격보다 높다면 '-'로 나타납니다.

'평가손익률'은 매수 가격에 대한 평가손익의 비율을 나타냅니다. 평가손익률 = (평가손익 ÷ 매수 가격) × 100%로 계산됩니다.

예를 들어 삼성전자 주식을 5만원에 1주 매수했다고 가정해 봅시다. 만약 현재 삼성전자 주식 가격이 6만원이라면, 평가손익은 1만원(6만원 - 5만원), 평가손익률은 20%(1만원 ÷ 5만원 × 100%)이 됩니다. 즉, 투자자는 삼성전자 주식에 대해 20%의 수익률을 얻었다고 볼 수 있습니다.

📈 평단가

주식을 여러 번에 걸쳐 매수할 경우, 매수한 주식의 평균 매수 가격을 의미합니다. 이는 각 매수 금액을 모두 더한 후, 매수한 주식의 총 수로 나눠서 계산합니다.

예를 들어 A 주식을 5만원에 10주, 6만원에 10주, 7만원에 10주 총 30주를 매수했다고 가정해 봅시다. 이 경우, 평단가는 (5만원 × 10주 + 6만원 × 10주 + 7만원 × 10주) ÷ 30주 = 6만원이 됩니다.

즉, 투자자는 A 주식을 평균적으로 6만원에 매수한 것이라고 볼 수 있습니다. 이렇게 평단가를 계산하면, 현재 주식의 가격과 비교하여 투자자의 손익을 쉽게 파악할 수 있습니다.

📈 포지션

투자자가 현재 보유하고 있는 주식이나 다른 금융상품의 포트폴리오를 의미합니다. 이는 투자자가 어떤 주식이나 금융상품을 얼마나 보유하고 있는지, 그리고 그것이 투자자의 전체 자산 중 어느 정도의 비중을 차지하는지를 나타냅니다. 예를 들어 한 투자자가 A 주식 10주, B 주식 20주, 그리고 코스피 지수 연계 주가 바이너리 옵션 1계약을 보유하고 있다면, 이

증권기사를 읽는데 용어를 모른다고

는 그 투자자의 포지션이 됩니다.

투자자는 이 포지션을 통해 자신의 투자 자산이 어떻게 분산되어 있는지를 파악하고, 시장 상황에 따라 포지션을 조정하여 투자 리스크를 관리하거나 수익 기회를 찾을 수 있습니다. 예를 들어, A나 B 같은 특정 주식이나 산업에 투자가 집중되어 있다면, 시장 변동성이나 해당 산업의 위험에 노출될 가능성이 높아집니다. 이럴 때 투자자는 포지션을 다시 조정하여 다른 주식이나 산업, 혹은 다른 금융상품으로 투자를 분산시키는 전략을 취할 수 있습니다.

☑ 포트폴리오

투자자가 보유하고 있는 다양한 종류의 투자 자산들의 모음을 의미합니다. 이는 주식, 채권, 부동산, 상품, 현금 등 다양한 종류의 투자 자산을 포함할 수 있습니다. 예를 들어 한 투자자가 삼성전자 주식, 국고채, 부동산 투자 신탁(REITs), 그리고 현금을 보유하고 있다면, 이는 그 투자자의 포트폴리오가 됩니다.

포트폴리오 관리는 투자의 핵심적인 요소 중 하나로, 투자자는 자신의 투자 목표, 투자 기간, 위험 수용 능력 등을 고려하여 다양한 종류의 투자 자산을 조합해야 합니다. 이렇게 포트폴리오를 다양화하면, 한 가지 투자가 나쁜 성과를 보여도 다른 투자로 인해 손실을 상쇄하거나 줄일 수 있습니다.

☑ 폭탄 돌리기

투기로 주가가 급등하다 갑자기 주가가 폭락해 투자자에게 큰 손해를 입히는 상황을 말합니다.

☑ 폰지 사기

일종의 투자 사기로, 초기 투자자들에게 높은 이익을 보장하고 그 이익을 나중에 참여하는 투자자들의 돈으로 지불하는 방식을 말합니다. 이 이름은 이런 방식의 사기를 처음 저지른 찰스 폰지의 이름에서 유래되었습니다. 예를 들어 어떤 사람이 투자자들에게 1개월 안에 50%의 이익을 보장하는 투자 기회를 제시한다고 가정해봅시다. 초기에 투자한 사람들은 약속대로 높은 이익을 받게 되며, 이 소문을 들은 많은 사람들이 이 투자에 참여하게 됩니다. 그런데 이 이익은 실제로는 나중에 투자에 참여한 사람들이 투자한 돈에서 빼서 지불하는 것입니다.

이런 방식은 새로운 투자자가 계속 들어오지 않으면 사기가 발각되고, 이후에 투자한 사람들은 자신들이 투자한 돈을 잃게 됩니다. 이런 사기는 매우 불법적이며, 우리 사회에서는 이런 행위를 엄격하게 처벌합니다.

☑ 품절주

주식 유통량 수도 적고 대주주들이 지분을 70% 이상 갖고 있는 경우에 품절주라고 합니다. 시중에 있는 주식수가 워낙 적어 거래량이 조금만 늘어도 등록이 심한 종목을 말합니다.

증권기사를 읽는데 용어를 모른디고

☑ 프로그램 매매

컴퓨터 프로그램을 활용하여 주식의 매수와 매도를 자동으로 실행하는 투자 방식을 말합니다. 이 프로그램은 미리 설정된 알고리즘에 따라 시장의 변동성, 주가의 움직임, 거래량 등 다양한 요소를 분석하여 투자 결정을 내립니다. 예를 들어 어떤 투자자가 A기업 주식의 가격이 5% 상승하면 매도하고, 5% 하락하면 매수하는 알고리즘을 설정했다고 가정해봅시다. 이 투자자는 이 알고리즘을 컴퓨터 프로그램에 입력하고, 프로그램은 이 알고리즘에 따라 자동으로 A기업 주식의 매수와 매도를 실행합니다. 프로그램 매매는 큰 투자금을 운용하는 기관 투자자나 전문 투자자들 사이에서 주로 활용되며, 시장의 빠른 변동에 신속하게 대응하거나, 일정한 전략을 따르며 투자를 실행하는 데 유용합니다.

☑ 핀볼효과

주식시장에서 주식의 가격을 결정하는 경제 성장률, 유동성, 금리, 투자심리 등의 요인이 복합적으로 작용을 하여 주가가 오르도록 하는 것을 말합니다.

☑ 필라델피아 반도체 지수

미국 필라델피아 증권 거래소에서 산출하는 반도체 관련 주식들의 가격 변동을 나타내는 지수입니다. 이 지수는 세계 반도체 산업의 동향을 파악하는 중요한 지표로 쓰이며, 반도체 관련 주식들의 가격 변동을 통해 반도체 산업의 상황을 대략적으로 알 수 있습니다. 예를 들어 삼성전자와 같은 대형 반도체 기업의 성과가 좋을 때, 이는 전 세계 반도체 시장의 확대를 시사할 수 있습니다. 이런 상황에서는 필라델피아 반도체 지수가 상승하게 되며, 이는 전 세계적으로 반도체 관련 주식들의 가격이 상승하고 있는 것을 의미합니다.

반대로, 만약 필라델피아 반도체 지수가 하락한다면, 이는 전 세계 반도체 시장의 축소를 시사하며, 반도체 관련 주식들의 가격이 하락하고 있음을 나타냅니다. 따라서 국내의 반도체 기업들은 이 지수를 통해 전 세계 반도체 산업의 동향을 파악하고, 이에 따른 사업 전략을 수립할 수 있습니다.

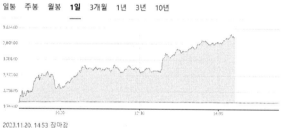

2023.11.20. 14:53 장마감

〈출처 : 네이버〉

증권기사를 읽는데 용어를 모른다고

짐 로저스의 투자철학

당신이 모르는 분야에 투자하지 말고 아는 영역에 투자하라.
멈추지 않는다면 아무리 천천히 가도 전혀 문제가 되지 않는다.

짐 로저스는 세계적으로 유명한 투자가로, 그의 투자 철학은 다음과 같은 주요 원칙들을 포함하고 있습니다.

1. **자신이 이해하는 투자를 하라** : 투자자가 자신이 잘 이해하고, 자신이 믿을 수 있는 투자에만 돈을 투자해야 한다고 강조합니다. 그는 투자자가 시장의 추세나 다른 사람들의 의견에 휘둘리지 않고, 자신의 판단에 따라 투자 결정을 내리는 것이 중요하다고 말합니다.
2. **전 세계적으로 투자하라** : 자신의 투자 전략을 '국제적 투자'라고 부르며, 투자자들이 자신의 국경을 넘어 다양한 기회를 찾아야 한다고 주장합니다. 이를 위해 그는 실제로 오토바이로 전 세계를 두 번 돌며 투자 기회를 찾아다녔습니다.
3. **반대 투자를 하라** : 시장에서 가장 무시받고, 가장 싸게 팔리는 자산을 찾아 투자하는 '반대 투자' 전략을 추구합니다. 이는 시장의 과열이나 과소 평가 상황을 이용하여 이익을 얻는 방법이며, 이를 위해서는 시장의 동향을 정확하게 파악하고, 꼼꼼한 분석이 필요합니다.
4. **장기적인 관점을 가져라** : 투자 결정을 내릴 때 장기적인 시각을 가져야 한다고 강조합니다. 그는 투자를 '품질 좋은 회사에 대한 장기적인 소유권 구매'라고 묘사하며, 단기적인 주가 변동에 흔들리지 않고, 장기적인 가치를 추구하는 투자를 권장합니다.

이러한 철학은 로저스가 성공적인 투자 경력을 쌓아가면서 실제로 실천한 원칙들이며, 많은 투자자들에게 영향을 미쳤습니다. 그러나 로저스의 투자 철학이 모든 투자자에게 적합하다고 단정지을 수는 없습니다.

하따

하한가 따라잡기로 바닥을 치는 주식이나 코인이 반등할 것을 기대하고 바닥을 잡는 것을 하따를 잡는다고 표현합니다.

하한가

주식시장에서 하루 동안 주가가 떨어질 수 있는 최대 범위를 말합니다. 일반적으로 전일 종가 대비 -30%를 넘어서 내릴 수 없는 가격을 지칭하며, 이는 주식시장의 과도한 변동성을 제어하고 투자자들을 보호하기 위한 조치입니다. 예를 들어 A기업 주식이 전일 100,000원에 거래되었다면, 당일 하한가는 70,000원이 됩니다. 이는 A기업 주식이 당일 중 70,000원 이하로 떨어질 수 없다는 것을 의미합니다.

합병

두 개 이상의 기업이 자신들의 재산과 사업을 합쳐 하나의 새로운 기업을 만드는 것을 의미합니다. 합병은 기업의 성장 전략 중 하나로, 시장 점유율을 높이거나 비용을 줄이는 등의 목적으로 이루어집니다. 예를 들어 삼성전자와 LG전자가 합병한다고 가정해봅시다. 이 경우 두 회사는 자신들의 재산과 사업을 합쳐 '삼성-LG'라는 새로운 회사를 만들게 됩니다. 이런 합병을 통해 삼성-LG는 전자 제품 시장에서 더 큰 점유율을 확보하고, 생산과 연구개발 등의 비용을 줄일 수 있습니다.

그러나 합병은 항상 성공적인 결과를 가져오는 것은 아닙니다. 합병 과정에서 문화 충돌, 인력 축소 등의 문제가 발생할 수 있으며, 합병 후에도 기대한 효과를 얻지 못하는 경우가 많습니다. 또한 합병은 주주들의 의사결정을 필요로 하는데, 이 과정에서 다양한 문제가 발생할 수 있습니다.

따라서 합병은 기업에게 큰 기회일 수도 있지만, 동시에 큰 위험을 내포하고 있습니다. 이를 이해하고 적절히 대응하는 것이 기업의 성장 전략을 성공적으로 수행하는 데 중요합니다.

☑ 허매수와 허매도

주식시장에서 투자자가 실제로 주식을 매수하거나 매도하지 않고, 주식의 가격을 조작하기 위해 가상으로 주문을 내는 행위를 말합니다. 매수호가와 매도호가에 많은 물량이 쌓여는 있지만 알고 보면 비어있는 매수와 매도, 즉 가짜매수와 매도란 뜻에서 비롯된 말입니다.

☑ 헤지펀드

투자자들의 자금을 모아 다양한 방법으로 투자하여 수익을 내는 투자 기구입니다. 헤지펀드는 일반적으로 주식, 채권, 파생상품 등 다양한 자산에 투자하며, 공격적인 투자 전략을 통해 높은 수익률을 추구합니다. 이를 위해 레버리지(차입금)를 활용하거나, 공매도와 같은 방법을 사용하기도 합니다.

☑ 헤징

가격변동으로 인한 손실을 막기 위해 실시하는 금융 거래행위를 말합니다. 헤징은 주로 환율 변동, 금리 변동, 상품 가격 변동 등의 위험으로부터

증권기사를 읽는데 용어를 모른다고

자산을 보호하는 방법으로 사용됩니다. 예를 들어 한국의 수출 기업이 미국에 제품을 판매하려고 합니다. 이 기업은 제품 판매 금액을 미국 달러로 받게 되는데, 이때 환율 변동 위험을 헤징하기 위해 환율 선물 계약을 맺을 수 있습니다. 이 계약을 통해 기업은 미리 환율을 정해놓아 환율이 변동해도 수입금액이 보장됩니다.

☑ 현재가

주식시장에서 주식이나 기타 금융 상품이 현재 거래되고 있는 가격을 의미합니다.

☑ 호가

주식이나 다른 금융 상품을 사거나 팔 때 제시되는 가격을 의미합니다. 호가는 '매수호가'와 '매도호가'로 나뉩니다. 매수호가는 투자자가 주식을 사려고 할 때 제시하는 가격이고, 매도호가는 투자자가 주식을 팔려고 할 때 제시하는 가격을 말합니다.

☑ 호재와 악재

주식시장에서 종종 사용되는 용어로, 각각 긍정적인 뉴스나 사건, 부정적인 뉴스나 사건을 의미합니다. 이들은 주식의 가격에 큰 영향을 줄 수 있습니다. 예를 들어 A기업이 신사업에 진출하여 큰 성공을 거둔다면, 이는 A기업 주식에 대한 '호재'가 될 수 있습니다. 이런 긍정적인 뉴스는 투자자들의 기대를 높이고 주식의 수요를 증가시켜 주가를 상승시킬 수 있습니다.

반대로, B기업이 진행하고 있는 사업장에 화재 사고가 발생했다면, 이는 B기업 주식에 대한 '악재'가 될 수 있습니다. 이런 부정적인 뉴스는 투자자들의 기대를 하락시키고 주식의 수요를 감소시켜 주가를 하락시킬 수 있습니다.

📈 혼조장

주식시장에서 종목들이 오르락 내리락하는 모습을 묘사하는 말입니다. 일부 주식들은 상승하고, 다른 일부 주식들은 하락하는 등 시장 전체가 일관된 방향성을 보이지 않는 상황을 가리킵니다. 예를 들어 코스피 시장에서 삼성전자와 LG전자 같은 IT주가 상승하는 반면에, 현대차와 기아차와 같은 자동차 주가가 하락하는 상황을 들 수 있습니다. 이처럼 서로 다른 섹터나 종목들이 상반된 움직임을 보이면서 전체 시장의 방향성이 명확하지 않은 상황을 '혼조장'이라고 합니다.

✅ 홀딩하기

매도를 하지 않고 버티는 것을 의미합니다.

☑ 1틱

가장 작은 가격 변동 단위를 의미합니다. 즉, 주식의 가격이 1틱만큼 상승하거나 하락했다는 것은 가장 작은 가격 변동 단위만큼 움직였다는 것을 의미합니다. 예를 들어, 코스피 시장에서 주가가 1,000원 이하인 종목의 경우 1틱은 1원이 됩니다. 그러나 주가가 1,000원을 초과하면 1틱의 가치는 5원이 됩니다. 따라서, 삼성전자 주식이 1틱 상승했다는 것은 주식 가격이 5원 상승했다는 것을 의미하며, 코스닥의 한 종목이 1틱 하락했다는 것은 그 종목의 주식 가격이 1원 하락했다는 것을 의미합니다.

'1틱'은 주식 투자자들이 주식의 가격 움직임을 분석하고 투자 결정을 내리는 데 중요한 역할을 합니다. 특히, 단기간에 많은 투자 결정을 내리는 주식 투자자들에게는 '1틱'의 움직임이 큰 의미를 가질 수 있습니다.

주가	코스피 1틱	코스닥 1틱
1,000원 미만	1원	1원
1,000원 ~ 5,000원 미만	5원	5원
5,000원 ~10,000원 미만	10원	10원
10,000원 ~50,000원 미만	50원	50원
50,000원 ~ 100,000원 미만	100원	100원
100,000원 ~ 500,000원 미만	500원	
500,000원 이상	1,000원	

📈 3%룰

상장사의 감사 (또는 감사위원)를 선임할 때 해당 회사의 지배주주가 의결권 주식의 최대 3%만 행사할 수 있도록 제한한 규정으로 대주주의 지나친 영향력 행사를 막기 위한 것입니다.

📈 5%룰

개인이나 기관이 상장기업의 의결권 있는 주식을 5% 이상 보유하게 된 경우와 보유한 자의 지분이 해당 법인 주식 총수의 1% 이상 변동된 경우, 그 내용을 5일 이내에 금융감독원에 보고해야 하는 제도이다. '주식 등의 대량보유상황 보고'라고도 합니다.

📈 BPS

BPS는 'Book Value Per Share'의 약자로, '주당순자산가치'를 말합니다. 이는 회사의 순자산을 주식 수로 나눈 값으로, 회사의 재무 건전성을 평가하는 데 사용되는 지표 중 하나입니다.

순자산은 회사의 총 자산에서 총 부채를 뺀 값이며, 이를 주식의 총 수로 나누어 주당 얼마의 자산가치가 있는지를 나타냅니다. 따라서 BPS가 높을수록 회사의 재무상태가 건전하다고 평가할 수 있습니다. A기업의 BPS가 30,000원이라고 가정해봅시다. 이는 A기업의 주당 순자산 가치가 30,000원임을 의미하며, 이 값이 높을수록 A기업의 재무 상태가 좋다고 평가할 수 있습니다.

투자자들은 BPS를 통해 회사의 재무 건전성을 판단하고, 이를 기반으로 투자 결정을 내립니다.

증권기사를 읽는데 용어를 모른다고

☑ CCI

CCI는 'Commodity Channel Index'의 약자로, '상품채널지수'입니다. 이는 주식시장의 추세를 판단하는 기술적 분석 지표 중 하나입니다.

CCI는 주가의 평균 가격이 특정 기간 동안의 평균 가격 대비 얼마나 변동했는지를 측정합니다. CCI 값이 +100을 초과하면 상승추세, -100을 미만하면 하락추세를 나타낸다는 해석이 일반적입니다. 예를 들어 A기업의 CCI가 +120이라고 가정해봅시다. 이는 A기업의 주가가 상승추세에 있다는 것을 의미하며, 투자자들은 이 정보를 바탕으로 투자 결정을 내릴 수 있습니다.

〈CCI 매매 시점〉

CCI가 +100을 상향 돌파할 때 -> 매수 신호

CCI가 -100을 상향 돌파 할 때 -> 매수 신호

CCI가 +100을 하향 돌파할 때 -> 매도 신호

CCI가 -100을 하향 돌파할 때 -> 매도 신호

0선을 기준으로 CCI가 상향 돌파할 때 -> 매수 신호

0선을 기준으로 CCI가 하향 돌파할 때 -> 매도 신호

⬚ CPS

CPS는 'Cashflow Per Share'의 약자로, '주당현금흐름'입니다. 이는 회사의 영업활동에서 발생하는 현금 흐름을 주식 수로 나눈 값으로, 회사의 현금 생성 능력을 평가하는 데 사용되는 지표 중 하나입니다.

현금 흐름은 회사의 영업 활동으로 인해 발생하는 현금의 유입과 유출을 보여주는데, 이는 회사가 얼마나 효율적으로 사업을 운영하고 있는지를 나타낼 수 있습니다. 따라서 CPS가 높을수록 회사의 현금 생성 능력이 높다고 평가할 수 있습니다.

⬚ D+2시스템

D+2시스템은 '거래일^{Day} + 2일'을 의미하는 주식거래 관련 용어입니다. 이는 주식 거래가 체결된 후 실제로 주식의 소유권이 이전되고, 거래 대금이 정산되는 시점을 나타냅니다. D+2시스템은 금융시장의 안정성을 유지하고, 거래의 투명성을 높이는 데 기여합니다. 이 시스템에 따라, 투자자들은 거래 체결 후 실제 정산이 이루어지기까지의 시간 동안 주식 가격의 변동성 등에 대비해야 합니다.

⬚ DMI

DMI는 'Directional Movement Index'의 약자로, 이는 주식시장의 방향성과 추세 강도를 측정하는 기술적 분석 지표 중 하나입니다.

DMI는 주가의 상승 추세와 하락 추세를 나타내는 두 개의 선인 +DI와 -DI, 그리고 이 둘의 차이를 나타내는 ADX라는 세 가지 선으로 구성되어 있습니다. +DI가 -DI를 상회하면 주가의 상승 추세, 반대로 -DI가 +DI를 상회하면 주가의 하락 추세를 나타냅니다. ADX는 이 추세의 강도를 나타내며, 값이 클수록 추세가 강하다는 것을 의미합니다.

☑ EPS

EPS는 'Earnings Per Share'의 약자로, '주당순이익'를 말합니다. 이는 회사의 순이익을 발행 주식 수로 나눈 값으로, 회사의 이익 생성 능력을 평가하는 데 사용되는 지표 중 하나입니다.

순이익은 회사의 총 수익에서 모든 비용을 뺀 순수한 이익을 의미하며, 이를 주식의 총 수로 나누어 주당 얼마의 이익이 생성되었는지를 나타냅니다. 따라서 EPS가 높을수록 회사의 이익 생성 능력이 좋다고 평가할 수 있습니다.

☑ IOC주문과 FOK주문

IOC는 'Immediate or Cancel'의 약자로, '즉시 체결 또는 취소'라는 뜻입니다. 이 주문 유형은 주문이 들어간 즉시 가능한 부분은 체결하고, 나머지는 취소하는 방식입니다. 예를 들어, 한국의 주식시장에서 A 주식 10주를 IOC 주문으로 매수하려고 했을 때, 현재 팔려고 하는 사람이 7주만 있다면 7주는 즉시 매수하고 나머지 3주는 취소하게 됩니다.

FOK는 'Fill or Kil'의 약자로, '전량 체결 또는 취소'라는 뜻입니다. 이 주문 유형은 주문한 모든 주식을 즉시 체결할 수 없으면 주문을 취소하는 방식을 말합니다.

위의 예를 사용하면, A 주식 10주를 FOK 주문으로 매수하려고 했을 때, 팔려고 하는 사람이 10주 이상 있다면 10주를 매수하고, 10주 미만이라면 주문이 취소됩니다.

◔ K-OTCBB

K-OTCBB는 'Korea Over-The-Counter Bulletin Board'의 약자로, 이는 금융투자협회가 개설 운영하는 호가 게시판입니다.

증권시장에 상장되지 않은 비상장 기업들의 주식이나 채권 등이 거래되는 장소로, 기업들은 이를 통해 추가적인 자금을 모집하거나, 투자자들은 비상장 기업에 투자하는 기회를 얻을 수 있습니다.

예를 들어, 어느 스타트업이 추가 자금을 모집하기 위해 K-OTCBB에 주식을 등록했다고 가정해봅시다. 이 경우, 투자자들은 K-OTCBB를 통해 이 스타트업의 주식을 매수할 수 있습니다. 이렇게 K-OTCBB는 비상장 기업과 투자자를 연결하는 역할을 합니다.

그러나 K-OTCBB에 거래되는 비상장 기업 주식은 정보의 불투명성, 유동성 부족 등의 위험성을 내포하고 있으므로, 투자 전에 충분한 분석과 판단이 필요합니다.

◔ KTOP30지수

한국거래소가 코스피시장과 코스닥시장의 우량종목 30개를 골라서 발표하고 있는 대한민국 주가지수입니다.

◔ MACD

MACD, 즉 이동평균수렴확산Moving Average Convergence Divergence는 장기 이동평균과 단기 이동평균의 차이를 통해 주가의 추세를 판단하는

증권기사를 읽는데 용어를 모른다고

기술적 지표입니다. 예를 들어, A기업의 주가를 기반으로 설명해보겠습니다. MACD는 크게 세 가지 요소로 구성되는데, 그 중 첫 번째는 'MACD Line'입니다. 이는 일반적으로 12일 이동평균과 26일 이동평균의 차이를 의미합니다.

두 번째는 'Signal Line'이라 불리며 이는 MACD Line의 9일 이동평균을 의미합니다.

마지막으로 'MACD Histogram'이라 불리는 부분은 MACD Line과 Signal Line의 차이를 막대그래프로 표현한 것입니다.

MACD Line이 Signal Line을 상승하는 방향으로 교차하면 매수 신호로, 반대로 하락하는 방향으로 교차하면 매도 신호로 해석합니다.

예를 들어, A기업 주가가 연속적으로 상승하는 추세를 보이고 있다면, 이는 단기 이동평균이 장기 이동평균보다 높아짐을 의미하므로 MACD Line은 양수가 됩니다. 이때 MACD Line이 Signal Line을 상승하는 방향으로 교차하면, 이는 주가의 상승 추세가 이어질 것임을 나타내는 매수 신호로 해석될 수 있습니다.

☑ MFI

Money Flow Index는 주식의 거래량과 가격 변동을 고려한 오실레이터 스타일의 지표입니다. 이는 '거래량을 고려한 RSI'라고도 불리며, 주로 과매수 또는 과매도 상황을 판단하는 데 사용됩니다. A기업의 주가를 기반으로 설명해보겠습니다. MFI는 0부터 100까지의 값으로 표현되며, 일반적으로 80 이상을 과매수 구간, 20 이하를 과매도 구간으로 간주합니다. 예를 들어, A기업의 MFI가 80을 초과하면 이는 주식이 과매수 상태임을 나타내며, 이는 주가가 과도하게 상승했다는 신호일 수 있습니다. 이럴 경우, 주가가 조정을 받을 가능성이 있으므로 매도를 고려해볼 수 있습니다.

반대로 MFI가 20 이하로 떨어지면 이는 주식이 과매도 상태임을 나타내며, 이는 주가가 과도하게 하락했다는 신호일 수 있습니다. 이럴 경우, 주가가 반등할 가능성이 있으므로 매수를 고려해볼 수 있습니다.

하지만 MFI만을 고려해 투자 결정을 내리는 것은 위험합니다. MFI는 '거래량'과 '가격 변동'을 고려한 지표이지만, 주식 시장은 다양한 요인에 의해 영향을 받습니다. 따라서 MFI는 다른 기술적 지표와 함께 사용하거나, 기업의 재무상황이나 시장 동향 등 다양한 정보를 종합적으로 고려하는 것이 중요합니다.

⟋ MMF

Money Market Fund는 금융시장에서 단기간에 거래되는 채권 등을 주로 투자 대상으로 하는 펀드입니다. 이는 원금 손실의 위험이 상대적으로 적으며, 수익률이 예금보다 높아 일정 수준의 수익을 기대할 수 있다는 특징이 있습니다. MMF는 단기 채권, 은행 예금, CD(어음증권) 등을 주로 투자 대상으로 합니다. 이러한 투자 대상은 원금 손실의 위험이 상대적으로 적으며, 일정 수준의 수익률을 보장하기 때문에 안정적인 수익을 기대할 수 있는 투자 상품입니다.

MMF는 일반 예금에 비해 높은 수익률을 제공하므로, 단기간 동안 자금을 효율적으로 운용하고자 하는 개인 투자자나 기업들에게 적합한 선택일 수 있습니다.

증권기사를 읽는데 용어를 모른다고

☑ MTS와 HTS

Mobile Trading System의 약자로, 스마트폰이나 태블릿 등의 모바일 기기를 통해 주식 거래를 할 수 있는 시스템을 의미합니다. 한국의 주요 증권사들은 대부분 자체 MTS 앱을 운영하고 있으며, 이를 통해 언제 어디서나 간편하게 주식 거래를 진행할 수 있습니다.

예를 들어, 키움증권의 '키움증권 스마트 트레이딩'이나 KB증권의 'KB증권 모바일 트레이딩' 등이 있습니다. 이러한 앱들은 주가 정보 제공, 주식 거래, 투자 정보 검색 등 다양한 기능을 제공하며, 원하는 시간에 원하는 장소에서 주식 거래를 할 수 있도록 도와줍니다.

반면, HTS는 Home Trading System의 약자로, PC를 통해 집에서 주식 거래를 할 수 있는 시스템을 의미합니다. HTS는 MTS보다 좀 더 복잡한 기능과 분석 도구를 제공하므로, 복잡한 거래 전략을 세우거나 다양한 정보를 활용해 투자를 하고자 하는 투자자들에게 적합합니다.

예를 들어, NH투자증권의 'NH i-Invest'나 신한금융투자의 '신한 i-ONE 투자정보' 등이 있습니다. 이러한 HTS는 실시간 주가 정보 제공, 주식 거래, 차트 분석, 뉴스 제공 등 다양한 기능을 제공하며, 집에서도 마치 증권사에서 거래를 하는 것처럼 편리하게 주식 거래를 할 수 있도록 도와줍니다.

☑ OBV

On Balance Volume의 약자로 J.E 그랜빌에 의해 고안되었습니다. 주가와 거래량의 관계를 분석하는 기술적 지표입니다. 이는 주가 변동에 따른 거래량의 변화를 통해 주식의 매수와 매도 흐름을 파악하는데 사용됩니다. 예를 들어, OBV가 상승 추세라면 이는 매수세가 강하다는 신호로, 주가의 상승 추세를 뒷받침할 가능성이 높습니다. 반대로 OBV가 하락 추세라면 이는 매도세가 강하다는 신호로, 주가의 하락 추세를 예상할 수 있습니다.

☑ PCR

Price to Cash Flow Ratio는 기업의 주가를 현금흐름으로 나눈 값으로, 기업의 가치를 평가하는 데 사용되는 지표입니다. 이는 주가/주당 현금흐름으로 계산되며, 주식이 과대 혹은 과소 평가되었는지를 판단하는 데 도움을 줍니다.

한국의 경제 상황에 맞춰 설명드리겠습니다. 예를 들어, A기업의 주가를 기반으로 설명해보겠습니다. PCR 값이 낮다는 것은 주당 현금흐름에 비해 주가가 낮다는 것을 의미하며, 이는 투자자에게 더 많은 현금 흐름을 제공하는 기업을 저렴한 가격에 구매할 수 있다는 것을 의미합니다. 따라서, 일반적으로 PCR 값이 낮은 주식은 투자 기회로 간주될 수 있습니다. 반면에, PCR 값이 높다는 것은 주당 현금흐름에 비해 주가가 높다는 것을 의미하며, 이는 투자자가 같은 현금 흐름을 얻기 위해 더 많은 비용을 지불해야 함을 의미합니다. 따라서, 일반적으로 PCR 값이 높은 주식은 과대평가되었다고 볼 수 있습니다.

증권기사를 읽는데 용어를 모른다고

☑ PDR

Price to Dream Ratio는 기업의 시장 가치를 그 기업의 미래 잠재력이나 '꿈'으로 나눈 값으로, 주로 벤처 기업이나 기술 기반 스타트업의 가치를 평가하는 데 사용되는 지표입니다. 이는 기업의 현재 가치가 아닌 미래의 성장 가능성을 기반으로 주식 가치를 평가하는 방법이기 때문에, 투자자가 그 기업의 '꿈'을 얼마나 높이 평가하는지를 나타냅니다.

☑ PER

Price to Earnings Ratio는 주식의 가격을 기업의 주당 순이익 EPS, Earnings Per Share으로 나눈 값으로, 기업의 이익에 비해 주식이 얼마나 과대 혹은 과소평가되어 있는지를 나타내는 지표입니다. 예를 들어, A기업의 주가를 기반으로 설명해보겠습니다. PER이 10이라는 것은 투자자가 1주당 10원의 이익을 얻기 위해 주식을 10원에 구매하고 있다는 것을 의미합니다. 즉, 투자자들이 현재 A기업의 주가를 보고, 이 기업이 앞으로 10년 동안 현재와 같은 이익을 유지할 것이라고 예상하고 있다는 것을 의미합니다.

반면에, PER이 20이라는 것은 투자자가 1주당 1원의 이익을 얻기 위해 주식을 20원에 구매하고 있다는 것을 의미합니다. 이는 투자자들이 A기업의 미래 이익 성장을 높게 평가하고 있다는 것을 나타냅니다. 즉, 투자자들은 A기업이 앞으로 이익을 더욱 높일 수 있을 것이라는 기대를 가지고 있다는 것입니다.

☑ PEGR

Price Earnings to Growth Ratio는 주식의 가치를 평가하는 데 사용되는 지표로, P/E Ratio를 기업의 이익 성장률로 나눈 값입니다. 이는 기업의 현재 가치와 미래 성장률을 동시에 고려하여 주식의 상대적 가치를 평가하는 데 도움을 줍니다. 해당 주식의 가치가 해당 기업의 당기 순익대비 얼마나 되는가 즉 주가 이익배율을 나타내는데 이것은 해당기업의 주당 순이익으로 몇 년 안에 지금 주식의 가치에 도달하는가를 의미하기도 합니다.

PEGR = PER / EPS 연평균 증가율

☑ Price Oscillator

주가 추세를 분석하기 위한 기술적 분석 도구 중 하나로, 두 개의 이동 평균선의 차이를 통해 시장의 상대적인 강도나 약세를 판단합니다. 특히 장기적인 이동 평균선과 단기적인 이동 평균선의 차이를 보는 것이 일반적입니다. Price Oscillator 값이 양수라는 것은 단기 이동 평균선이 장기 이동 평균선보다 높다는 것을 의미하며, 이는 주가의 상승 추세를 나타냅니다. 반면에, Price Oscillator 값이 음수라는 것은 단기 이동 평균선이 장기 이동 평균선보다 낮다는 것을 의미하며, 이는 주가의 하락 추세를 나타냅니다.

증권기사를 읽는데 용어를 모른다고

PSR

price selling ratio는 주식의 가격을 기업의 주당 매출로 나눈 값으로, 이 지표는 기업의 주가가 그 기업의 매출에 비해 얼마나 과대 혹은 과소평가 되어 있는지를 나타냅니다.

PVT

Price Volume Trend는 주가와 거래량을 결합하여 주식의 추세를 분석하는 기술적 지표입니다. 주가의 변동에 따른 거래량의 증감을 계산해, 가격 변동에 따른 거래량의 중요성을 나타냅니다. 예를 들어, A기업의 주가를 기반으로 설명해보겠습니다. PVT가 상승하고 있다면, 주가 상승 시 거래량이 증가하고, 주가 하락 시 거래량이 감소했다는 것을 의미합니다. 즉, 투자자들이 A기업 주식을 매수하는 데 더 많은 거래량을 사용하고 있으며, 이는 주가 상승 추세를 나타낼 수 있습니다.

반면에, PVT가 하락하고 있다면, 주가 상승 시 거래량이 감소하고, 주가 하락 시 거래량이 증가했다는 것을 의미합니다. 즉, 투자자들이 A기업 주식을 매도하는 데 더 많은 거래량을 사용하고 있으며, 이는 주가 하락 추세를 나타낼 수 있습니다.

ROA

Return on Assets는 기업의 총 자산에 대한 이익률을 나타내는 지표입니다. 이는 기업이 자산을 얼마나 효과적으로 이용하여 이익을 창출하는지를 나타냅니다. A기업의 주가를 기반으로 설명해보겠습니다. ROA가 10%라는 것은 A기업이 보유한 자산으로부터 10%의 이익을 창출하고 있다는 것을 의미합니다. 즉, A기업은 자산을 효과적으로 이용하여 이익을 창출하고 있음을 나타냅니다.

반면에, ROA가 2%라는 것은 A기업이 보유한 자산으로부터 2%의 이익만을 창출하고 있다는 것을 의미합니다. 이는 자산 관리 효율성이 상대적으로 떨어진다는 것을 나타냅니다.

☑ ROE

Return on Equity는 기업의 자기자본에 대한 수익률을 나타내는 지표입니다. 이는 기업이 자기자본을 얼마나 효과적으로 이용하여 이익을 창출하는지를 판단하는데 사용됩니다. A기업의 주가를 기반으로 설명해보겠습니다. ROE가 15%라는 것은 A기업이 자기자본으로부터 15%의 이익을 창출하고 있다는 것을 의미합니다. 즉, A기업은 자기자본을 효과적으로 이용하여 이익을 창출하고 있음을 나타냅니다.

반면에, ROE가 5%라는 것은 A기업이 자기자본으로부터 5%의 이익만을 창출하고 있다는 것을 의미합니다. 이는 자본의 이용 효율성이 상대적으로 떨어진다는 것을 나타냅니다.

☑ RSI

Relative Strength Index는 주식의 가격 변동을 측정하여 과매수 또는 과매도 상황을 판단하는 기술적 지표입니다. 이 지표는 0에서 100 사이의 값을 가집니다. 예를 들어, A기업의 주가를 기반으로 설명해보겠습니다. RSI가 70 이상이라는 것은 A기업의 주식이 과매수 상태에 있다는 것을 의미합니다. 즉, 투자자들이 과도하게 매수하여 주가가 급등한 상태이며,

이는 주가가 곧 조정(하락) 받을 수 있다는 신호일 수 있습니다.

반면에, RSI가 30 이하라는 것은 A기업의 주식이 과매도 상태에 있다는 것을 의미합니다. 이는 투자자들이 과도하게 매도하여 주가가 급락한 상태이며, 이는 주가가 곧 반등할 수 있다는 신호일 수 있습니다.

SPS

Sales Per Share는 주식당 판매량을 의미하는 지표입니다. 이는 기업의 판매 효율성을 나타내는 중요한 지표로, 주식당 얼마의 매출이 발생하고 있는지를 나타냅니다. 예를 들어, B기업의 주가를 기반으로 설명해보겠습니다. SPS가 1,000원이라는 것은 B기업의 한 주당 매출이 1,000원이라는 것을 의미합니다. 즉, B기업은 한 주당 1,000원의 매출을 창출하는 효율성을 가지고 있다는 것을 나타냅니다.

반면에, SPS가 500원이라는 것은 B기업의 한 주당 매출이 500원이라는 것을 의미합니다. 이는 주당 매출 효율성이 상대적으로 떨어진다는 것을 나타냅니다.

주린이들이 꼭 알아야 할 재테크용어 500

증권기사를 읽는데 용어를 모른다고

초판 1쇄 인쇄 2024년 1월 5일
초판 1쇄 발행 2024년 1월 10일

지은이 백광석
펴낸이 백광석
펴낸곳 다온길

출판등록 2018년 10월 23일 제2018-000064호
전자우편 baik73@gmail.com

ISBN 979-11-6508-539-1 (13320)

있다면 책을 충분히 읽을 수 있다고 했다. 세 가지 여가란 '겨울', '밤', '비 내릴 때'를 말한다. 겨울은 한 해의 여가이고, 밤은 하루의 여가이고, 오랫동안 계속해서 내리는 비는 한 때의 여가다. 지금과 그때를 비교하면서 다르다고 핑계처럼 말하지 말라. 이 정도도 할 수 없다면 자신을 위해서, 한 번 뿐인 자신의 소중한 인생을 위해서 충분히 '여가'를 투자할 수 있는 다른 일을 선택해야 한다. 배우의 길은 결코 그렇게 녹록한 길이 아니다.